Schön | Bitcoin. 100 Seiten

* Reclam 100 Seiten *

RAPHAEL SCHÖN, geb. 1985, hat Politik studiert und als Tech-Journalist gearbeitet. Bitcoin lässt ihn sowohl privat als auch beruflich nicht mehr los. Inzwischen ist er für verschiedene Tech-Start-ups tätig.

Raphael Schön

Bitcoin. 100 Seiten

RECLAM

2. Auflage

2022 Philipp Reclam jun. Verlag GmbH,
Siemensstraße 32, 71254 Ditzingen
Umschlaggestaltung: Philipp Reclam jun. Verlag GmbH
nach einem Konzept von zero-media.net
Infografik (S. 64 f.): annodare GmbH, Agentur für Marketing
Bildnachweis: S. 19: © IMAGO / ITAR-TASS; S. 27: © Asar Studios / Alamy Stock Photo; S. 44 © Shutterstock / Szabolcs Magyar; S. 83: © IMAGO / Agencia EFE; Autorenfoto: © Karo Pernegger
Umschlagmaterial: Creative Print, Schabert
Druck und Bindung: EsserDruck Solutions GmbH,
Untere Sonnenstraße 5, 84030 Ergolding
Printed in Germany 2023
RECLAM ist eine eingetragene Marke
der Philipp Reclam jun. GmbH & Co. KG, Stuttgart
ISBN 978-3-15-020677-5

Auch als E-Book erhältlich

www.reclam.de

Für mehr Informationen zur 100-Seiten-Reihe:
www.reclam.de/100Seiten

Inhalt

1 Magic Internet Money
25 Genesis
48 Digitaler Goldrausch
67 Zwischen Utopie und Realität
86 Blick in die Kristallkugel

Im Anhang Lektüretipps

Magic Internet Money

Millionen auf der Müllhalde

James Howells wäre heute wohl einer der reichsten Briten, ja sogar reicher als Charles III. Doch eines Tages entrümpelte der Programmierer sein Arbeitszimmer. Neben abgenutzten Tastaturen, defekten Computermäusen und sonstigem Elektroschrott musterte er auch eine alte Festplatte aus. Ein fataler Fehler, wie sich später zeigen sollte. War Howells doch 2009 einer der ersten Menschen, die auf ihren Rechnern nächtelang die Bitcoin-Software hatten laufen lassen. Wer Strom und Rechenleistung in das sogenannte Bitcoin-Mining investierte, konnte mit etwas Glück wie bei einer Lotterie alle zehn Minuten neue Bitcoins erhalten. Und Howells hatte viel Glück. Denn außer ihm hingen oft nur der anonyme Erfinder der Kryptowährung, Satoshi Nakamoto, und eine Handvoll weiterer neugieriger *Early Adopter* im Bitcoin-Netzwerk. Nach einigen Monaten verlor Howells jedoch das Interesse. Sein Laptop lief stets auf Anschlag und auch auf der Stromrechnung machte sich sein Hobby bald bemerkbar. Eindeutig zu teuer für diese eigenwillige Spielerei. Bitcoins waren zu diesem Zeitpunkt schließlich nahezu wertlos, und es war absurd zu glauben, dass sich das jemals ändern würde. Ein halbes Jahr später verschüttete Howells versehentlich Limonade auf seinem Laptop. Er baute die Festplatte aus und warf sie in eine Schublade. Zu diesem Zeitpunkt hatte er rund 7500 Bitcoins angehäuft. 2013 las er schließlich über einen Bitcoin-Millionär. Er erinnerte sich, damals tausende der digitalen Münzen angesammelt zu haben. Da lief es ihm kalt den Rücken runter: der alte Laptop, die Limonade, die Schublade und die Festplatte mit seinen Bitcoin-Zugangsdaten, die er beim Entrümpeln in einen schwarzen Müllsack gepackt und entsorgt hatte. Seine 7500 Bitcoins entsprachen zu diesem Zeitpunkt in etwa 1,4 Millionen US-Dollar.

Howells hätte reich sein können, obwohl er das gar nicht vorgehabt hatte. Es war vielmehr die Idee hinter Bitcoin, die ihn begeisterte. »Der Dollar, der Euro, das Pfund sind alles Betrug – das ganze System ist eine Illusion. Ich und Satoshi [Nakamoto] hatten 2009 die gleiche Vision«, sagte der Pechvogel in einem Interview mit dem US-Magazin *New Yorker*. Der Brite identifizierte sich mit libertären Utopien, misstraute Zentralbanken und liebte die Idee eines grenzenlosen und – bei richtiger Handhabung – theoretisch anonymen Internetgeldes. Ohne Banken als Vermittler. Ohne regulierende Regierung. Nur transparent einsehbarer Open-Source-Programmcode. Doch nicht die vermeintlichen Vorzüge, sondern die Nachteile dieses Traumes der Selbstbestimmung waren es, die Howells nun schlaflose Nächte bereiteten. Denn eine vollständige Eigenverantwortung ohne Mittelspersonen bedeutet auch, dass es keinen Kundendienst gibt. Wer den Zugang zu seinen Bitcoins verliert – indem die Zugangsdaten etwa unabsichtlich in einen Müllsack verfrachtet werden –, hat Pech gehabt. Schätzungen zufolge gingen so über die Jahre hinweg mehr als

3,5 Millionen Bitcoins ins Nirwana über, rund ein Fünftel aller bis Anfang 2022 geschürften digitalen Münzen. »Betrachtet es als Spende an alle«, kommentierte Bitcoin-Erfinder Satoshi Nakamoto dies einst lapidar. Als Howells bewusst wurde, dass er mittlerweile Multimillionär sein könne, lag seine Festplatte mutmaßlich bereits tief in einer englischen Mülldeponie vergraben. Ende 2013 durchbrach der Wert eines einzelnen Bitcoins erstmals die 1000-US-Dollar-Marke. Howells und seine Partnerin beschlossen, der Mülldeponie einen Besuch abzustatten. Was folgte, war eine Odyssee, die internationales Medieninteresse nach sich zog, aber erfolglos blieb. Ende 2017, am Höhepunkt eines Bitcoin-Hypes, war der vergrabene Schatz schon mehr als sage und schreibe 100 Millionen US-Dollar wert. Howells vergebliche Suche nach seinen verlorenen Bitcoin-Millionen wurde zum Sinnbild für ein Schicksal, das viele über die Jahre hinweg mit ihm teilten. Dass das Experiment Bitcoin tatsächlich über ein Jahrzehnt überleben und es bis in die Abendnachrichten, an die Wall Street und zur offiziellen Landeswährung schaffen würde, glaubte in der Anfangszeit so gut wie niemand.

Die Geschichte Bitcoins gleicht einer Achterbahnfahrt, die mit rasender Geschwindigkeit absurde Skandale, komplexe Betrügereien, exzentrische Millionäre und einen digitalen Goldrausch hervorbrachte. Bitcoin-Fans halten es für revolutionär. Das beste Geld aller Zeiten. Transparent und doch sicher. Auf 21 Millionen Stück begrenzt und unaufhaltbar. Kritiker sehen dagegen ein Schneeballsystem, das im Sinne der *Greater Fool*-Theorie immer mehr leichtgläubige Geldgeber braucht, und noch dazu Unmengen an Energie frisst. Und einen potentiell gefährlichen Kontrollverlust für Politik und Staat bewirken kann. Ein wahr gewordener, anarcho-libertärer

Fiebertraum. Bitcoin kann demnach gar als provokative Antithese zu jenem Verständnis von Geld gesehen werden, das in Ökonomie-Lehrbüchern vorherrscht. Kein Staat und keine Zentralbank stehen hinter dem Internetgeld. Es lässt sich nicht zensieren, jeder Mensch kann es verwenden, um finanziellen Wert rund um die Welt zu schicken. 24 Stunden, sieben Tage die Woche. Doch handelt es sich bei Bitcoin tatsächlich um das revolutionäre Geld der Zukunft? Oder ist rund um die erste Kryptowährung nichts anderes als eine Spekulationsblase entstanden, die im Umfeld einer lockeren Nullzinspolitik gedeihen konnte und die 2021 ihren absurden Höhepunkt erreichte, als El Salvador sie zur offiziellen Landeswährung machte und der Preis kurzfristig auf sagenhafte 67 500 US-Dollar kletterte? Tausende mehr oder weniger zwielichtige Nachahmer, ein immer höherer Stromverbrauch und ein unsichereres geopolitisches Umfeld lassen Rufe nach strengerer Regulierung oder gar Verboten immer lauter werden.

Seien Sie gewarnt: Ich halte Bitcoin für eine ebenso faszinierende wie sinnvolle Erfindung und beschäftige mich seit 2017 sowohl privat als auch beruflich damit. Wie viele andere auch bin ich damals ins *Rabbit Hole*, also den Kaninchenbau gefallen. Nachdem ich als Tech-Journalist Bitcoin vorwiegend im Zusammenhang mit dem virtuellen Schwarzmarkt Silk Road (s. S. 45–47, 57 f.) verfolgt und als zum Scheitern verurteiltes Drogengeld abgetan hatte, ging mir plötzlich ein Licht auf. Ich tauchte ein in eine Welt, in der die Rolle von Geld in unserer Gesellschaft konstruktiv hinterfragt wird. Eine Welt, in der Realität und Wunschvorstellung auch schon mal verschwimmen. Mit diesem Buch möchte ich Sie auf eine kurze Reise in diese verrückte und von kontroversen Utopien geprägte Welt mitnehmen.

Geld basiert primär auf Vertrauen. Woher es kommt, warum es etwas wert ist und was tatsächlich passiert, wenn eine Plastikkarte im Restaurant vor ein Bezahlterminal gehalten wird, ist dabei nebensächlich. Hauptsache, die Zahlung klappt und der Wert des Geldes ist so stabil, dass unser Leben planbar bleibt. Über die Jahrtausende hinweg haben Menschen allerlei Dinge als Geld verwendet: Muscheln, Tierzähne, Glasperlen, Kakaobohnen, Nutztiere, Salz, Silber, Gold, bedrucktes Papier und mehr. Man könnte sagen, Geld ist die allgemein verständliche Sprache, die bei Tauschgeschäften gesprochen wird. »Geld ist ein erfundenes Ding, eine geteilte Fiktion«, schreibt der amerikanische Journalist Jacob Goldstein in seinem Buch *Money* (2020). Der amerikanische Wirtschaftswissenschaftler und Nobelpreisträger Paul Krugman definiert es wie viele seiner Zunft so: »Geld, so argumentieren klassische Ökonomen, erfüllt drei Funktionen: Es ist ein Tauschmedium, es ist eine Rechnungseinheit und es ist ein Wertspeicher.«

Wie ist modernes Geld also entstanden? Der schottische Philosoph und Begründer der Nationalökonomie Adam Smith (1723–1790) nahm in seinem bahnbrechenden Werk *Der Wohlstand der Nationen* an, dass Menschen vor der Erfindung von Geld vorwiegend Tauschgeschäfte getätigt hätten: Eine Person backt Brot und hätte gerne Fleisch. Also geht sie zum örtlichen Fleischer und tauscht ihr Brot gegen Fleisch. Doch was, wenn der Fleischer gerade kein Brot will? Um dieses Problem zu lösen, wurde Geld erfunden, so die für Smith logisch erscheinende Annahme. Es gibt aber einen Haken: Für diese 1776 erdachte Theorie gibt es bis heute keine Belege. Der amerikanische Anthropologe David Graeber (1961–2020) kam in seinem gefeierten Buch *Schulden: Die ersten 5000 Jahre* zum Schluss, dass Geld nicht aus Tauschhandel, sondern aus Schulden heraus entstanden sei. Steintafeln, mit denen Schulden aufgezeichnet wurden, fanden in Sumerien bereits 3500 v. Chr. Verwendung. Etwa im Jahr 600 v. Chr. tauchte dann erstmals Geld in Form von Silberbarren in Indien und in Form von Münzen in Lydien, der heutigen Türkei, auf. Bis zum Anfang des 20. Jahrhunderts waren Gold und Silber die bevorzugte Art des Geldes, wobei sich Gold als der historische Gewinner herauskristallisierte. Gold wurde in allen Kulturen über Jahrtausende hinweg hoher Wert beigemessen. Alle wichtigen Währungen seit dem Römischen Reich waren in irgendeiner Form mit Gold gedeckt. Entweder in Form von Münzen mit bestimmtem Goldgehalt, Silbermünzen mit fixem Umrechnungskurs zu Gold oder Geldscheinen, die ebenfalls in einer bestimmten, vom Staat festgelegten Relation zu Gold standen. Im 17. Jahrhundert konnte bei besonders angesehenen Goldschmieden in London Gold eingelagert werden, als Bestätigung wurden Quittungen in Papierform ausgestellt. Schon bald wurden diese *Goldsmith Notes* als gleichwertig mit Gold angesehen – das moderne Papiergeld war geboren. In der zweiten Hälfte des 19. Jahrhunderts, als die Industrialisierung und Globalisierung die Welt im Eiltempo veränderten und internationaler Handel florierte, waren schließlich alle Währungen der Welt an Gold gebunden und somit untereinander leicht vergleichbar. Grundsätzlich galt, dass im Umlauf befindliche Geldscheine von Goldreserven gedeckt sein mussten, der Staatshaushalt war also automatisch beschränkt.

Mit dem Ausbruch des Ersten Weltkrieges zerfiel dieser internationale Goldstandard. Regierungen brauchten frisches Geld, um einen langwierigen Stellungskrieg finanzieren zu können. In der turbulenten ersten Hälfte des 20. Jahrhunderts wurde der Goldstandard zunehmend als Last und weniger als hilfreiches Werkzeug für den globalen Handel verstanden. Wirtschaftshistoriker meinen heute, dass der Goldstandard und die fehlende Flexibilität in der Geldpolitik zwar nicht die Auslöser der Weltwirtschaftskrise ab 1929 waren, diese aber verschlimmerten. Der britische Ökonom John Maynard Keynes (1883–1946) und der von ihm begründete Keynesianismus riefen nach dem Zweiten Weltkrieg ein Umdenken in der Wirtschafts- und Geldpolitik hervor: In Krisenzeiten solle der Staat nicht sparen, sondern mit höheren Ausgaben und frischem Geld die Wirtschaft ankurbeln. Geld musste also flexibel sein und seine Menge sollte bei Bedarf ausgeweitet werden können. Dieses heute selbstverständliche Grundprinzip hinterfragten einige unorthodoxe Ökonomen aus Wien. Für Carl Menger (1840–1921), Ludwig von Mises (1881–1973) und dessen Schüler Friedrich August von Hayek (1899–1992) war Geld ein Gut. Dieses Gut entstehe auf natürliche Art, aus den Handelsbeziehungen zwischen Menschen, so die Anhänger der Österreichischen Schule. Der Markt, nicht der Staat, solle darüber entscheiden, welches sich als das beste Geld entpuppt.

Der Zweite Weltkrieg markierte schließlich das Ende für den klassischen Goldstandard: Vier Wochen nachdem die Alliierten in der Normandie gelandet waren, wurde im Juli 1944 im Örtchen Bretton Woods im US-Bundesstaat New Hampshire ein neues globales Geldsystem festgelegt. Die neue Leit- und Reservewährung wurde der US-Dollar. In diesem Gold-Dollar-Standard war der Dollar nach wie vor mit Gold gedeckt, andere Länder stabilisierten ihre eigenen Währungen, indem sie Dollar-Reserven anhäuften. Der US-Dollar wurde »ein jederzeit einlösbarer Scheck auf den Goldhort in Fort Knox«, wie es das britische Magazin *Times* in seiner Berichterstattung 1944 umschrieb. Währungen waren also nur noch indirekt über den US-Dollar an Gold gekoppelt. Am 15. August 1971 hob US-Präsident Richard Nixon diesen Gold-Dollar-Standard jedoch überraschend auf. Der US-Dollar und alle anderen Währungen verloren damit ihren Bezug zum raren Edelmetall. Gold hatte endgültig seine währungspolitische Funktion eingebüßt. Wechselkurse waren nun frei beweglich und sogenanntes Fiatgeld wurde zur Norm: Nach dem lateinischen Wort *fiat*, das als ›Es sei getan!‹, ›Es geschehe!‹ oder ›Es werde!‹ übersetzt werden kann. Der Wert von Geld wird seither über die Macht der Regierungen gesichert, eine bestimmte Währung als gesetzliches Zahlungsmittel vorzuschreiben. Doch das bedeutet zugleich: Schwindet das Vertrauen in das System, in die Regierung, in den Staat, schwindet auch der Wert der jeweiligen Währung.

Doch weshalb kam es überhaupt zu diesem Schritt? Nixon brauchte neues, ›billiges‹ Geld, um die exorbitanten Kosten des immer mehr Ressourcen verschlingenden Vietnamkrieges zu decken. Danach folgte das immer noch aktuelle Petrodollar-Regime. Die von manchen als Verschwörungstheorie eingestufte Logik dahinter: Der US-Dollar ist inoffiziell nicht mehr von Gold, sondern vom US-Militär und seiner Fähigkeit, den internationalen Handel mit Erdöl zu garantieren, gedeckt. Bitcoin-Befürwortern gilt der Petrodollar daher mitunter als Inbegriff der Heuchelei, als ein Molloch, den es zu bekämpfen gilt.

Bitcoin ist schließlich angetreten, um ein Geld ohne Staat zu ermöglichen und grenzenlosen Staatsausgaben einen in Programm-Code gegossenen Riegel vorzuschieben.

Was ist Bitcoin und wie funktioniert es?

Bitcoin ist mehreres gleichzeitig. Es ist einerseits eine Datenbank, zu der Informationen hinzugefügt, aber von der sie nicht entfernt werden können. Bitcoin ist aber auch der Name einer Tauscheinheit, die mit dem Kürzel BTC dargestellt wird. Und es beschreibt ein Rechnernetzwerk, das es dem darauf laufenden Bezahlsystem ermöglicht, dezentral zu funktionieren. Der Clou daran: Kleine Bruchstücke von Bitcoins (der Tauscheinheit) lassen sich in diesem (Bitcoin-)Netzwerk direkt, also Peer-to-Peer, zwischen dessen Teilnehmern hin und her senden. Ohne eine Bank oder ein anderes Unternehmen dazwischen. Rund um die Uhr und überall auf der Welt. Diese Bruchstücke sind nach dem Vornamen des Bitcoin-Erfinders Satoshi benannt. Einhundert Millionen (100 000 000) davon stecken in einem Bitcoin. 1 Satoshi (0,00000001 BTC) entspricht bei einem Bitcoin-Preis von rund 20 000 Euro also 0,0002 Euro.

Ist Bitcoin Geld?

Diese Frage beantworten Ökonomen unterschiedlich. Als Tauschmedium wird Bitcoin zwar nicht überall akzeptiert, es funktioniert jedoch als solches. In Sachen Recheneinheit und Wertspeicher gibt es Punktabzug. Trotz seines schwankenden Kurses gegenüber dem Euro oder dem US-Dollar ist es aber genau die Funktion als Wertspeicher, die Menschen in Bitcoin investieren lässt. Der deutsche Ökonom Gunther Schnabl von der Universität Leipzig sagt dazu:

> Je mehr Menschen Bitcoin halten, desto mehr Bitcoin-Transaktionen wird es geben und desto mehr wird auch die

Funktion des Bitcoins als Recheneinheit gestärkt. Ich würde also sagen, dass der Bitcoin auf einem guten Weg vom Wertaufbewahrungsmittel zum Geld ist. Die zunehmend lockeren Geldpolitiken der Zentralbanken geben Rückenwind.

Anders sieht das der österreichische Ökonom Stefan Schulmeister, der der Ansicht ist, dass die zentralen Aufgaben von Geld (Transaktions- und Kalkulationsmedium plus Wertspeicher) von einem derart volatilen Asset wie Bitcoin nicht erfüllt werden könnten.

Warum sind Bitcoins etwas wert?

Der Preis eines Bitcoins in Euro oder US-Dollar bildet sich durch Angebot und Nachfrage auf verschiedenen Handelsplattformen. Ein Bitcoin ist also genau so viel wert, wie andere bereit sind, dafür zu bezahlen. Viele Investoren sehen in der Fähigkeit Bitcoins, Transaktionen vertrauens- sowie erlaubnisfrei über ein dezentrales System abzuwickeln, den Kern ihres Wertes. Und natürlich spielt auch die Begrenzung auf maximal 21 Millionen Bitcoins, von denen mindestens 3,5 Millionen bereits für immer verloren sind, weil sie ein Schicksal wie jene des glücklosen Müllhalden-Millionärs James Howells ereilte, eine Rolle. Wohin die Reise geht, ist ungewiss, weshalb der Preis größere Sprünge nach unten oder oben machen kann. Ökonomen führen das darauf zurück, dass die Geldmenge bei Bitcoin nicht elastisch ist: Die Geldpolitik Bitcoins ist im Code unveränderbar festgelegt. Es lassen sich nicht weniger oder mehr Bitcoins erschaffen. Steigt oder sinkt die Nachfrage, schlägt sich das unmittelbar auf den Preis nieder.

Wie funktioniert eine Bitcoin-Transaktion?

Um zu verstehen, wie eine Bitcoin-Transaktion funktioniert, ist ein Blick auf eine klassische Banküberweisung hilfreich: Person A gibt eine Zahlung an Person B bei der eigenen Bank in Auftrag. Beide Parteien sind auf die Infrastruktur ihrer Banken angewiesen, die in ihrer Buchhaltung Einträge hinzufügen. Eine Bitcoin-Transaktion funktioniert ähnlich: Person A definiert den Betrag, sagen wir beispielsweise 0,01 BTC, den sie Person B senden möchte und signiert diese mit einer digitalen Unterschrift, die nur sie besitzt. Hier kommt die Kryptographie, die einer Kryptowährung ihren Namen gibt, ins Spiel: Die digitale Unterschrift wird über einen Geheimcode erzeugt, der sich Private Key nennt und den nur Person A besitzt. Dieser Private Key ist der Beweis, dass Person A tatsächlich über die von ihr definierte Menge an BTC verfügt. Bitcoin verwendet zum Speichern aller Transaktionen ein spezielles Kontobuch, das auch Blockchain genannt wird. Anstatt auf dem Server einer Bank wird dieses Kontobuch auf Millionen von Rechnern rund um den Globus geführt. Jeder Rechner, der am Bitcoin-Netzwerk als Miner oder Node (zu dieser Unterscheidung später mehr) teilnimmt, verfügt über eine sich laufend aktualisierende, vollständige Version des Kontobuches. Darin sind alle Transaktionen seit dem Start des Bitcoin-Netzwerkes enthalten – chronologisch aneinandergereiht, miteinander verknüpft und öffentlich einsehbar. Während über einige Miner enorme Energie in das Anhängen neuer Blöcke an diese Blockchain investiert werden muss, können andere Miner und Nodes die Lösung eines fertigen Blocks mit sehr wenig Aufwand verifizieren.

Was ist Bitcoin-Mining?

Bitcoin verfügt über ein geniales Anreizsystem: Wer Rechenleistung zur Verfügung stellt, um Transaktionen des Netzwerkes abzuwickeln, erhält dafür als Belohnung neue Bitcoins. So wie bei Gold werden diese durch Miner freigeschaltet. Wer das Netzwerk am Leben erhält, bekommt also eine Belohnung. Doch der Bergbau-Metapher zum Trotz ist das, was tatsächlich passiert, eher mit der sprichwörtlichen Suche nach einer Nadel in einem Heuhaufen vergleichbar. Ziel ist es, eine zufällige Kombination aus Zahlen und Buchstaben, auch Hash genannt, zu erraten. Miner nehmen also eher an einer Lotterie Teil, bei der sie sich mit mehr Leistung mehr Lose »kaufen« können, als tatsächlich nach Bitcoins zu »schürfen«. In das Netzwerk ist dabei ein weiterer ausgeklügelter Mechanismus integriert: Alle zwei Wochen wird die Schwierigkeit des Minings angepasst. Für einige Miner ist das Mining dann unattraktiv und sie schalten ab. Dann verringert sich die Schwierigkeit, und es wird für andere Miner attraktiver einzusteigen. Auch umgekehrt greift diese Schwierigkeitsanpassung: Geht ein besonders leistungsstarker Miner ans Netz, wird die Schwierigkeit erhöht.

Verwenden alle Kryptowährungen Bitcoins ›Blockchain-Technologie‹?

Nein. Blockchain-Technologie als solche existiert nicht. Bei Bitcoin bezeichnet sie im Grunde nur die absichtlich ineffiziente Datenbank, die Nakamoto in seinem Whitepaper zunächst als »Chain of Blocks« bezeichnete. Erst später, mit dem Start von Bitcoin-Konkurrenten, kam der Begriff ›Blockchain‹ auf.

Wer kann Bitcoin verwenden?

Bei Bitcoin wird die Buchhaltung über eine öffentliche Datenbank abgewickelt, bei der jeder und jede einen Eintrag hinzufügen kann, um Bitcoins an jemand anderen zu senden oder von jemandem zu empfangen. Unabhängig von Nationalität, Ethnie, Religion, Geschlecht, Einkommen, politischer Ausrichtung oder Kreditwürdigkeit kann sich jede Person in wenigen Minuten völlig kostenlos eine Bitcoin-Adresse erstellen, um Zahlungen über diese öffentliche Infrastruktur zu empfangen oder zu senden. Jeder Mensch mit Internetzugang kann Bitcoin nutzen.

Wer entwickelt Bitcoin?

Bitcoin ist ›Open Source‹, was bedeutet, dass es nicht nur von allen Menschen verwendet, sondern auch weiterentwickelt werden kann. Konkret kümmert sich eine eingeschworene Community aus freiwilligen Unterstützern darum. Jeder und jede kann sich beteiligen, den Quellcode herunterladen und selbst Verbesserungsvorschläge einbringen.

Ist Bitcoin anonym?

Nein. Die verteilte Datenbank, die alle Bitcoin-Transaktionen enthält, ist öffentlich einsehbar. Das macht Bitcoin trotz seiner ehemaligen Verwendung im Darknet wenig brauchbar für kriminelle Aktivitäten: Wer die pseudonymen Bitcoin-Adressen echten Namen zuordnen kann, kann Transaktionen rekonstruieren.

Wie viele Bitcoins gibt es?

Bitcoin ist auf eine Anzahl von 21 Millionen Stück begrenzt. Diese digitale Knappheit basiert auf der cleveren Kombination einer Reihe von Code-Bausteinen, die schon vor Bitcoin existierten. Neue Bitcoins werden in Form von Belohnungen (Block Rewards) alle zehn Minuten an Miner ausgeschüttet.

Wie und wo bekomme ich Bitcoins?

Es gibt drei Möglichkeiten, um an Bitcoins zu kommen: Man kauft sie, etwa auf einer der zahlreichen Kryptobörsen oder direkt von einer anderen Person. Man erhält sie als Bezahlung oder als Geschenk. Oder man mined sie.

Umweltsünder Bitcoin: Es ist kompliziert

Ein Bezahlnetzwerk, das völlig ohne zentrale Kontrollinstanz auskommt. Alle können mitmachen, einen Internetanschluss und ein Endgerät vorausgesetzt. Für die einen bildet das die Basis für ein völlig neues Geldsystem. Für andere ist es ein globales Problem. Denn wie US-Finanzministerin Janet Yellen Ende 2021 bemängelte, ist Bitcoin »extrem ineffizient« und verbraucht »atemberaubende« Mengen an Strom. Bitcoin ist all das tatsächlich, und zwar mit Absicht.

Der Grund für den hohen Energieverbrauch ist der Proof-of-Work-Mechanismus (s. S. 17): Bevor Miner einen neuen Block zur dezentralen Bitcoin-Datenbank hinzufügen können, müssen sie an einer Art Lotterie teilnehmen. Dabei wird nach dem Trial-and-Error-Prinzip vorgegangen. Es wird kein

Glossar

Blockchain: Die Blockchain (›Blockkette‹) ist eine chronologische Datenbank beziehungsweise ein Kontobuch, in dem alle Bitcoin-Transaktionen seit dessen Start am 3. Januar 2009 festgehalten sind. Da die Transaktionen zusammenhängen, können sie nicht nachträglich einfach verändert und Beträge doppelt ausgegeben werden. Alle zehn Minuten wird ein neuer Block hinzugefügt.

Block: Die einzelnen Blöcke der Bitcoin-Blockchain bilden die Seiten des digitalen Kontobuches. Die im Netzwerk abgewickelten Transaktionen werden in Blöcke verpackt, zur Chain (›Kette‹) hinzugefügt und chronologisch verbunden. Jeder Block besteht aus drei Elementen: Transaktionsdaten, Hash (gewissermaßen ein digitaler Fingerabdruck) und der Prüfsumme des vorherigen Blocks.

Block Reward: Bitcoin-Miner erhalten eine Belohnung in Form neuer Bitcoins. Diese werden alle zehn Minuten an jenen Miner ausgeschüttet, der zufällig den richtigen Hash errät und erfolgreich den neuesten Block an das Ende der Blockchain anhängt. Als Bitcoin startete, wurden alle zehn Minuten 50 Bitcoins ausgeschüttet, derzeit beträgt diese Belohnung 6,25 Bitcoins. Alle vier Jahre wird diese Belohnung halbiert, das nächste Mal im Jahr 2024. Der letzte Bitcoin wird voraussichtlich im Jahr 2140 gemined werden.

Double Spending: Ein Geldschein lässt sich nur einmal ausgeben. Sobald eine Transaktion stattfindet, wandert dieser von Person A zu Person B. Bei Banken garantiert die zentrale Datenbank, dass Geld nur einmal und nicht zwei-, drei- oder viermal ausgegeben werden kann. In einem dezentralen System wie Bitcoin stellt dieses Problem eine harte Nuss dar. Die Lösung liegt in einem Proof-of-Work genannten Verfahren, bei dem die gesamte Datenbank von Tag eins an auf vielen Rechnern unabhängig voneinander synchronisiert wird. Indem sich das Netzwerk laufend selbst kontrolliert, kann Double Spending vermieden werden.

Kryptowährung: Überbegriff für Bitcoin sowie dessen Nachahmer und Varianten, die dessen Ideen und Konzepte aufgegriffen haben. Für gewöhnlich basieren die auch als Altcoins bezeichneten Bitcoin-Alternativen ebenfalls auf einer Variante einer Blockchain-Datenbank, die durch verschiedene kryptographische Verfahren abgesichert ist.

Miner: Ähnlich wie beim Schürfen von Gold muss Energie investiert werden, um neue Bitcoins zu erzeugen. Die Millionen von Rechnern, die 24 Stunden an sieben Tagen die Woche Rechenleistung via Proof-of-Work in das Bitcoin-Netzwerk pumpen, sind die Miner. Nach und nach kommen so neue Bitcoins in Umlauf.

Node: Bei Bitcoin lässt sich eine Node (›Knoten‹ oder ›Netzknoten‹) mit einem erschwinglichen Einplatinen-Computer wie einem Raspberry Pi betreiben. Nodes synchronisieren die komplette Bitcoin-Datenbank zurück bis zum ersten Block. Ein- oder ausgehende Transaktionen lassen sich beim Betreiben einer eigenen Node selbst verifizieren und signieren –, man wird also selbst zur Bank und muss auf absolut niemand anderen vertrauen.

Public Key: Der Public Key ist eine Art E-Mail-Adresse im Bitcoin-Netzwerk. Diese kann öffentlich mit anderen geteilt werden, um damit etwa Spenden zu sammeln. Wer sicherstellt, dass Public Keys nicht dem eigenen Namen zugeordnet werden können, kann Bitcoin also pseudonym nutzen.

Private Key: Der Schlüssel zu den Bitcoins hinter dem Public Key. Dieser ist nötig, um Aufträge für Transaktionen zu signieren und dem Gegenüber zu beweisen, dass man tatsächlich über die zu versendenden Bitcoins verfügen darf.

Proof-of-Work: Der ›Nachweis von Arbeit‹ wurde eigentlich entwickelt, um Spam bei E-Mails zu bekämpfen. Proof-of-Work ist von zentraler Bedeutung, um auf dezentrale Art und Weise zu einem Konsens innerhalb des Netzwerkes zu finden. Je mehr Arbeit, also Energie, Miner im Wettbewerb um das Erstellen neuer Blöcke investieren, desto höher ist ihre Chance, den Block Reward in Form neuer Bitcoins zu gewinnen. Proof-of-Work wird für seinen hohen Energiebedarf kritisiert.

Wallet: In einer Wallet (›Geldbörse‹) werden nicht Bitcoins selbst, sondern die Keys, also die Zugangsdaten zu Bitcoins, verwahrt. Dieses Wallet kann verschiedene Ausformungen haben: eine Datei auf einem Computer, eine App auf einem Smartphone, speziell dafür entwickelte USB-Sticks oder auch auf einem Stück Papier notierte Wörter. Wichtig ist, dass nur man selbst und niemand anderer Zugriff darauf hat – ansonsten könnten die Bitcoins auf Nimmerwiedersehen weg sein.

»komplexes mathematisches Rätsel« gelöst, von dem oft fälschlicherweise die Rede ist, sondern vielmehr ein virtueller Würfel immer und immer wieder geworfen. Ein auf Bitcoin-Mining spezialisierter Antminer S19 des chinesischen Unternehmens Bitmain produziert etwa 95 Billionen dieser zufälligen Kombinationen, auch Hashes genannt, pro Sekunde. Miner versuchen möglichst schnell, möglichst viele Hashes zu erzeugen, um den einen gesuchten Hash zu erraten.

Aus dem eigenwilligen Hobby des virtuellen Rätselratens wurde so über die Jahre ein milliardenschwerer Industriezweig. Anstatt regulärer Computer kamen schon bald eigens dafür entworfene Computerchips zum Einsatz, sogenannte ASICs (*application-specific integrated circuits*; ›anwendungsspezifische integrierte Schaltungen‹), die sich für nichts anderes außer dem Lösen des Bitcoin-Mining-Rätsels eignen. Die Gehäuse, in denen diese ASICs verbaut werden, sind unscheinbar: etwa so groß wie zwei Schuhschachteln, mit großen, lauten Lüftern vorne und hinten, eingebettet in eine Aluminium-Box. Aufgrund der Abwärme werden die Rechner bis zu 90 Grad Celsius heiß. Rund um die Welt betreiben Unternehmen, die sich auf Bitcoin-Mining spezialisiert haben, ganze Lagerhallen mit diesen Geräten.

Die Industrie hat in den letzten Jahren eine enorme Effizienzsteigerung erfahren: ein moderner Bitcoin-ASIC, der 2022 im Einsatz ist, hätte 2013 alleine das komplette Bitcoin-Netzwerk antreiben können. Schätzungen zufolge erwirtschafteten Bitcoin-Mining-Unternehmen im Jahr 2021 einen Umsatz von rund 15 Milliarden US-Dollar. Weltweit sind etwa 2,9 Millionen dieser ASICs rund um die Uhr im Einsatz. Die meisten davon standen Ende 2021 laut Daten der University of Cambridge in den USA (35 Prozent), gefolgt von Kasachstan (18 Prozent), Russland (11 Prozent) und Kanada (10 Prozent). Ebenfalls aus Cambridge stammt der *Bitcoin Electricity Comsumption Index*. Dieser ist die seriöseste Quelle zum Thema und versucht, sich dem schwer zu messenden Energieverbrauch des Bitcoin-Netzwerks anzunähern, indem er verschiedenste andere wissenschaftliche Studien zusammenträgt und daraus Mittelwerte berechnet. Schätzungen zufolge soll Bitcoin für das Jahr 2021 demnach etwa 115 TWh verschlungen haben.

Ein Techniker des russischen Unternehmens BitRiver wartet einen speziell für das Bitcoin-Mining konzipierten Rechner, genannt ASIC. BitRiver nutzt eigenen Angaben zufolge überschüssige Wasserkraft, um seinen Strombedarf zu decken.

Zur Einordnung: 100 TWh jährlich werden in etwa für den Betrieb von Wäschetrocknern in US-Haushalten aufgewendet. In Medien sind derartige Vergleiche aber selten zu finden. Stattdessen werden schwere Geschütze aufgefahren, um den Energiehunger des Bitcoin-Netzwerks zu veranschaulichen und stets für Empörung zu sorgen: »Bitcoin verbraucht mehr Strom als viele Länder«, ist dann etwa in der *New York Times* zu lesen oder »Der Bitcoin braucht so viel Strom wie Norwegen« im *Spiegel*. Und tatsächlich stimmt das auch.

Dass Bitcoin Anfang 2022 für etwa 0,5 Prozent des globalen Stromverbrauches verantwortlich zeichnete, schockiert vorrangig jene, die darin eine nutzlose Zockerei ohne Mehrwert sehen. Im Kommentarbereich vieler Online-Medien und auf sozialen Netzwerken werden dann Rufe nach Verboten laut. In der öffentlichen Debatte gibt es demnach zwei Extrempositionen: Einerseits jene, die Bitcoin und Proof-of-Work, also das Absichern des Netzwerkes und das Erstellen neuer Transaktionsblöcke durch Rechenleistung, für puren Wahnsinn halten. Bitcoin und auch Proof-of-Work seien demnach nutzlos und zerstörerisch. Demgegenüber stehen andere mit einer positiven Haltung zur Kryptowährung. Ihrer Lesart zufolge ist Bitcoin eine bahnbrechende Innovation, die den Energieverbrauch absolut rechtfertigt, und schon heute Millionen und in Zukunft Milliarden von Menschen als Wertspeicher und besseres Geld dienen wird. Den Befürwortern zufolge ist Bitcoin in vielen Teilen der Welt schlicht überlebensnotwendig, etwa für NGOs, die über das Bezahlsystem auch in autoritär regierten Ländern unabhängig Spenden sammeln können.

Die Wahrheit liegt wohl irgendwo dazwischen. Vor allem weil es zur Nutzbarmachung des Bitcoin-Minings kreative Lösungen gibt. In der kanadischen Stadt North Vancouver erzielte der städtische Energiebetreiber im Oktober 2021 eine Vereinbarung mit MintGreen, ein auf nachhaltiges Bitcoin-Mining ausgerichtetes Unternehmen. Die beim Mining entstehende Abwärme wird dort zum Heizen von 100 Gebäuden genutzt. Die für das Mining verwendete Energie wird wiederum fast ausschließlich aus Wasserkraft gewonnen. So wird nicht nur das Mining, sondern auch das Heizen nachhaltig. Allerdings gibt es auch weniger schmeichelhafte Beispiele. Im amerikanischen Pennsylvania erwarb ein Bitcoin-Mining-Unternehmen im Sommer 2021 für 105 Millionen US-Dollar ein Kohlekraftwerk. Der Fall erregte weltweit Aufsehen: Das Unternehmen verkündete, jährlich 600 000 Tonnen Kohleabfallprodukte verbrennen zu wollen, für deren Weiterverarbeitung überdies Steuererleichterungen in Aussicht gestellt werden. Eigenen Angaben zufolge kostete das Mining eines Bitcoins das Unternehmen 3000 US-Dollar. Bei dem damaligen Preis von mehr als 40 000 US-Dollar pro Bitcoin ein überaus lukratives Geschäft. Bitcoin-Mining kann also sowohl positive als auch negative Effekte erzielen. Dazwischen gibt es einen Graubereich, wie etwa Bitcoin-Miner, die die Hitzeentwicklung bei Gasfackeln, dem »Flaring«, nutzen. Bei der Erdölgewinnung werden die austretenden Gase für gewöhnlich verbrannt und nicht weiter energetisch genutzt. Luftverunreinigende Abgasbestandteile werden dabei in CO_2 umgewandelt, das im Verhältnis weniger schädlich ist. Schätzungen zufolge könnte Anfang 2022 die freigewordene Energie dieses an sich sinnlosen Gasflarings das Bitcoin-Netzwerk locker mit Energie versorgen. ExxonMobil, einer der größten Öl- und Gasproduzenten der Welt, hat dazu im Januar 2021 ein Pilotprojekt gestartet, bei dem überschüssiges Gas aus Ölquellen im US-Bundesstaat North Dakota verwendet wird, um Strom für direkt vor Ort untergebrachte Bitcoin-Mining-Rechner zu erzeugen. Viele sehen diese Entwicklung aber kritisch, weil sie Gasflaring lukrativer machen könnte. Beispiele wie das wiedereröffnete Kohlekraftwerk zeigen: Bitcoin-Miner werden von günstiger Energie wie Mücken vom Licht angezogen. Die mittlerweile milliardenschwere Industrie hofft daher, dass erneuerbare Energie bald günstiger sein wird als fossile. Entsprechend soll der Anteil grünen Stroms, der für das Bitcoin-Minig verwendet wird, auch von derzeit 40 bis 70 Prozent auf 100 Prozent steigen. Außerdem könne Bitcoin als Motor fungieren: Kraftwerke könnten Mining-Hardware installieren, die sich bei

Geschätzter Stromverbrauch pro Jahr in TWh

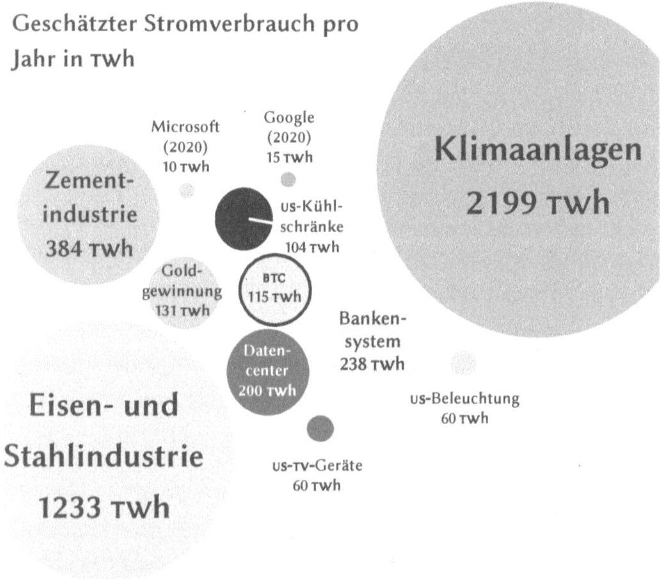

Datenquelle: University of Cambridge: Bitcoin Electricty Consumption Index 2022. https://ccaf.io/cbeci/index/comparisons.

Energiespitzen aktivieren und, wenn mehr Energie im Netz gebraucht wird, wieder abschalten. Im US-Bundesstaat Texas etwa wird dies bereits umgesetzt.

Der tendenziell immer größer werdende Hunger Bitcoins nach möglichst billigem Strom und schnellen Computerchips wird vor dem Hintergrund des Klimawandels und geopolitischer Konflikte, bei denen Energie eine zentrale Rolle spielt, weiterhin im Mittelpunkt der Kritik stehen. Und diese hat es in sich: Der US-amerikanische Ableger der Umweltschutzorganisation Greenpeace beteiligte sich im April 2022 etwa an einer Kampagne, in der an die Bitcoin-Community appelliert wird, den Proof-of-Work-Mechanismus fallen zu lassen und durch eine sparsamere Alternative zu ersetzen. Pikantes Detail: Finanziert wurde das Ganze von Chris Larsen, dem Gründer des Unternehmens Ripple, einem Bezahlprotokoll, welches als Konkurrent zu Bitcoin gesehen werden kann.

Letztlich bleibt die Frage: Wird jene Energie, die Wäschetrockner oder das Bitcoin-Netzwerk verbrauchen, verschwendet oder für etwas Sinnvolles genutzt? Wer überzeugt ist, dass Wäschetrockner und Bitcoin der Menschheit keinen Mehrwert bieten, hat wenig Verständnis für den hohen Strombedarf. Doch wer wegen berechtigter Umweltbedenken keinen Wäschetrockner verwenden will, kann seine Wäsche einfach auf einer Wäschespinne trocknen lassen. Das dauert zwar etwas länger, führt grundsätzlich aber zum gleichen Ergebnis. Zu Bitcoin gibt es jedoch keine Alternative, weil es einen neutralen Wertspeicher, der organisch gewachsen ist, keinen CEO und keine Büros hat und sich rund um den Planeten »beamen« lässt, ansonsten nicht gibt. Das existierende Finanzsystem ist ein komplexes Gebilde, bei dem sich schwer sagen lässt, wo dessen schädlicher Einfluss auf die Umwelt anfängt und wo er endet. Was wir jedenfalls sagen können: Bitcoin wird einzig durch Elektrizität angetrieben, wohingegen bei Gold, dem Euro oder dem US-Dollar fossile Energien für den Abbau beziehungsweise die Erzeugung und den Transport eine bedeutende Rolle spielen. Die Kernfrage lautet also: Sieht man in einem von Staaten unabhängigen Wertspeicher und schwer bis nicht kontrollierbaren Bezahlnetzwerk etwas Positives? Der von Menschen verursachte Klimawandel und die Minderung von CO_2-Emissionen sind Themen, die die nächsten Jahre und

Jahrzehnte prägen werden. Der durch Bitcoin verursachte Stromverbrauch wird dabei immer wieder hitzig diskutiert werden.

Wird Bitcoins Strombedarf explodieren, wenn immer mehr Menschen Bitcoin nutzen?

Nein, denn für den Strombedarf des Bitcoin-Netzwerkes ist die Anzahl der Transaktionen in einem Block, der alle zehn Minuten erzeugt wird, irrelevant. Der weitverbreitete Irrglaube, dass der Energieverbrauch von Bitcoin mit einer wachsenden Anzahl an Transaktionen ansteigen würde, ist demnach falsch. Entscheidend ist der Preis. Man kann also sagen: Je wertvoller ein einzelner Bitcoin, desto rentabler ist es, nach ihnen zu schürfen. Steigt der Preis, gehen mehr Miner ans Netz. Sinkt er, schalten unwirtschaftliche Miner ab. Gleichzeitig verfügt Bitcoin über ein eingebautes *Difficulty Adjustment*, also eine automatische Schwierigkeitsanpassung, für das Finden des zufälligen Hashs. Das sorgt, grob gesagt, dafür, dass sich das Netzwerk laufend selbst neu justiert. Alle 2016 Blöcke wird die Schwierigkeit so angepasst, dass alle zehn Minuten ein neuer Block erzeugt wird. Fällt der Preis von Bitcoin, kann es sein, dass unprofitable Miner vom Netz gehen. Das *Difficulty Adjustment* sorgt dann dafür, dass weniger Rechenleistung investiert werden muss, um eventuell einen Block anzuhängen. Das motiviert wieder mehr Miner mitzumachen. Gleiches gilt auch für den umgekehrten Fall.

Genesis

Der Traum vom Geld ohne Staat

Unter Geld versteht man heute von Staaten festgelegte Zahlungsmittel. Deren Wert basiert vorrangig auf dem Vertrauen in die jeweilige Zentralbank. Doch wäre es möglich, Geld und Staat zu trennen? Bitcoin ist ein solches *Geld ohne Staat*. Wer Bitcoin und die Motivation hinter dessen Erfindung verstehen will, muss ins Wien der Kaiserzeit zurückblicken. In einem Papier der Europäischen Zentralbank (EZB) aus dem Jahr 2012 heißt es:

> Die theoretischen Wurzeln von Bitcoin kann man in der Österreichischen Schule der Nationalökonomie und ihrer Kritik am herrschenden Geldsystem sowie den Eingriffen durch Regierungen und andere Institutionen finden, die, aus ihrer Sicht, in übertriebenen Investitionen und einer massiven Inflation enden.

Diese Österreichische Schule, manchmal auch Wiener Schule genannt, ging von Anfang an auf Konfrontationskurs mit der von Adam Smith begründeten Volkswirtschaftslehre. Die ihr angehörenden Theoretiker fragten sich gegen Ende des 19. Jahrhunderts, ob das menschliche Zusammenleben nicht doch komplexer, chaotischer und weniger vorhersehbar sei als angenommen. Vor allem beschäftigten sie sich aber mit der Frage, woher Geld kommt und warum es als solches akzeptiert wird. Ein Nischenthema, denn von Smith bis Marx wurde die Existenz und die gesellschaftliche Akzeptanz von staatlichem Geld als eine Art Naturgesetz betrachtet. Aus Sicht der Österreichischen Schule konnte Geld dagegen alles sein, worauf sich Menschen einigen, und das auch über längere Zeit seine Kaufkraft behält. Dieser Logik nach kann Geld viele Formen annehmen. Historisch hat sich Gold als Gewinner herauskristallisiert. Im 20. Jahrhundert eroberte der Keynesianismus, die von John Maynard Keynes (1883–1946) entwickelte Denkschule, die Welt der Ökonomen im Sturm. Seit der Finanzkrise 2008, und vor allem seit der Erfindung von Bitcoin, werden die im wissenschaftlichen Mainstream belächelten Ideen der Österreicher immer populärer. Ökonomen glauben aber (mit zahllosen wissenschaftlichen Belegen), dass sich paradoxerweise Geld ohne jeglichen inneren Wert besser als Währung in einer modernen Volkswirtschaft eignen würde, als Geld, das an eine fixe Menge eines Gutes oder eines Rohstoffes gebunden ist. Gerade die Abhängigkeit von politischen Entscheidungen sei es aber, die Fiatgeld, also Geld, das aus dem Nichts erschaffen wird, letztlich immer wieder scheitern lasse. Doch was wäre, wenn es Geld gäbe, das unabhängig von Politik und Zentralbanken funktionieren kann?

Dieser Frage hat sich der österreichische Ökonom und Nobelpreisträger Friedrich August von Hayek in seinem 1976 erschienen Buch *The Denationalization of Money* gewidmet. Seine These: Ein System, in dem private Banken Währungen

Friedrich August von Hayek, 1979

herausgeben dürfen, und Menschen am freien Markt entscheiden, welche die beste sei, sei dem aktuellen politisierten, staatlichen Geld überlegen. 1984 gab Hayek ein fast schon prophetisches (und auf YouTube unter »Friedrich Hayek predicting cryptocurrency« auffindbares) Interview. Darin sagte er:

> Ich glaube nicht, dass wir jemals wieder ein gutes Geld haben werden, wenn wir die Sache nicht aus den Händen der Regierung nehmen. Wir können das aber nicht gewaltsam machen, also ist alles, was wir tun können, durch einige schlaue Umwege etwas einzuführen, das sie nicht stoppen können.

Noch bevor Hayek diese Worte sagte, beschäftigten sich Hacker, Internetaktivisten und sogenannte »Cypherpunks« ebenfalls mit diesen Themen – allerdings unter etwas anderen Vorzeichen. Im Fokus stand nicht primär das Ziel, Politik und Zentralbanken weniger mächtig zu machen, sondern digitale Privatsphäre zu ermöglichen. Die Wurzeln gehen bis in die 1950er Jahre zurück, als die Hacker-Bewegung am Massachusetts Institute of Technology (MIT) und in Stanford entstand. Richard Stallman, ein wichtiger Aktivist der frühen Hacker-Community, beschrieb diese in der TV-Doku *Hackers: Wizards of the Electronic Age* (1985) so:

> Was sie gemeinsam hatten, war vor allem ein Hang zu Exzellenz und Liebe für Programmierung. Sie wollten ihre Programme, die sie benutzten, so gut machen, wie sie konnten. Sie wollten generell tolle Sachen machen. Sie wollten etwas Aufregenderes erschaffen, als es irgendjemand für möglich gehalten hätte, und zeigen: »Seht mal, wie wunderbar das ist. Ich wette, ihr hättet nicht geglaubt, dass das möglich ist.«

Zeitgleich zur eher braven Hacker-Subkultur an renommierten US-Universitäten entstand aber auch eine andere, politisch motivierte Strömung. Aus der Hippie-Bewegung der 1960er heraus formierte sich die *Youth International Party* (kurz *Yippies*), eine radikale Jugendvereinigung, die für ihren anarchistischen Aktionismus bekannt wurde. 1971 startete der Aktivist Abbie Hoffman das Untergrund-Magazin *TAP – The Youth International Party Line.* Beliebtes Thema war »Phreaking«, das kostenlose Nutzen von öffentlichen Telefonen mittels spezieller Signaltöne, aber auch wie die Frühform des Internets ausgetrickst werden konnte. *TAP* wurde zum Untergrund-Hit und versorgte die Szene zuverlässig und umfassend mit Informationen. Und so entstand parallel zum Siegeszug des Personal Computers eine technisch versierte Gegenströmung. Durchbürokratisierte Konzerne wie IBM, die in den 1970ern den frühen Computermarkt beherrschten, wurden ihr zum Goliath, den es zu bekämpfen galt. Derweil wurden Unternehmer wie Bill Gates oder Steve Jobs damit reich, Soft- und Hardware als benutzerfreundliche Komplettpakete in die Haushalte all jener Menschen zu bringen, die mit Computern bislang nichts zu tun hatten. Im Hintergrund wurde derweil an Alternativen zu dieser zunehmend als bedrohlich wirkenden Zentralisierung von Kapital und geistigem Eigentum gearbeitet.

1983 kündigte Stallman an, an einem kostenlosen Betriebssystem namens GNU zu arbeiten, und gut zwei Jahre später veröffentlichte er das *GNU Manifesto*. Dieser Text gilt noch heute als die philosophische Grundlage für die Free-Software-Bewegung, auf der auch Bitcoin aufbaut. Anstatt Anspruch auf ein Copyright zu erheben, setzte sich Stallman für ein Copyleft ein: Das Recht, freie Software zu modifizieren und eine adaptierte Version zu veröffentlichen, sollte gesetzlich verankert werden. Implementiert wurde dieser Ansatz erstmals in der GNU General Public License (GPL). An die Arbeit von Stallman anknüpfend entwickelte der finnische Student Linus Torvalds 1991 das offene, kostenlose Betriebssystem Linux. Die Open-Source-Bewegung, die ab 1997 ins Rollen kam, sponn diese Ideen abermals weiter. Stallman grenzte sie jedoch folgendermaßen ab: »Freie Software ist eine politische Bewegung, Open Source ist ein Entwicklungsmodell«.

Die Cypherpunks wiederum verbanden all diese Ideen. Gebildet wird der Begriff aus den Wörtern Cipher (›Ziffer‹), Cyber und Punk. Sie rekrutierten sich ab Ende der 1980er aus jenen Hackern, Computerwissenschaftlern und Netzaktivisten, die sich verstärkt mit digitaler Kryptographie und anarchistischen politischen Ideen beschäftigten und darin zentrale Bausteine für ein freies und offenes Internet sahen. Im Gegensatz zu Hackern, deren Ziel es war, in fremde Computersysteme einzudringen und – ob gut gemeint oder böswillig – Sicherheitslücken aufzuzeigen oder auszunutzen, fokussierten sich die Cypherpunks auf Mittel und Wege, um die eigene Privatsphäre im Internet zu schützen. Kryptographie sollte ihrem Ethos folgend nicht als Waffe, sondern als defensive Maßnahmen dienen.

Zwischen Paranoia und weiser Voraussicht

1993 wurden die Cypherpunks berühmt. Auf der Titelseite der Mai/Juni-Ausgabe des Tech-Magazins *Wired* posierten drei maskierte Männer. Tim May, Eric Hughes und John Gilmore waren die Helden der Titelgeschichte »Rebels with a Cause (Your Privacy)«. Lange vor der großen chinesischen Firewall und lange vor den Snowden-Enthüllungen sagten die Cypherpunks ein Regime der Online-Zensur und Überwachung voraus, das dem offenen Internet ein Ende bereiten würde. Für sie gab es nur ein einziges Mittel, um die Freiheit des Einzelnen im Internet zu sichern: die Kryptographie. Sie ist die Mathematik, die zum Erzeugen und zum Knacken von Codes benötigt wird. Vor den 1970er Jahren war sie nur dem Militär und den Geheimdiensten zugänglich. Damals galt starke Verschlüsselung als Kriegsgut, ähnlich wie für militärische Zwecke eingesetzte Munition, und durfte daher nicht aus den USA exportiert werden. Die Cypherpunks waren jedoch der Meinung, dass Kryptographie für ein souveränes Internet von ent-

Maskierte Rebellen, unterwegs im Kampf für die Privatsphäre: Titelseite des Tech-Magazins *Wired* der Mai/Juni-Ausgabe 1993

scheidender Bedeutung sei und wie jegliche Art von Information allen Menschen frei zugänglich sein sollte. Ohnehin sei Verschlüsselung der einzige Weg, um Regierungen Macht zu entreißen und sie an Einzelne zurückzugeben.

Ein Cypherpunk namens Adam Back, der später bei Bitcoin eine wichtige Rolle spielen wird, setzte den RSA-Verschlüsselungsalgorithmus, benannt nach den drei MIT-Mathematikern Ronald Rivest, Adi Shamir und Leonard Adleman, in seine E-Mail-Signatur. Aufgrund der Beschränkungen für den Export von Verschlüsselungsalgorithmen war dies ein Akt des zivilen Ungehorsams. Er forderte andere auf, es ihm gleichzutun. Manche tätowierten sich Teile des Codes auf ihre Haut oder trugen die Codezeilen des Verschlüsselungsalgorithmus auf

T-Shirts bei Konferenzen zur Schau. Im Laufe der Zeit führte die Kombination aus Protest, Siegen vor Gericht und der Entwicklung der SSL- und HTTPS-Standards durch Unternehmen wie Netscape dazu, dass Verschlüsselung nicht mehr als *top secret* eingestuft, sondern frei zugänglich und gar ein integraler Bestandteil des heutigen Internets wurde.

Ein philosophisches Standardwerk der Cypherpunk-Bewegung wurde von Timothy C. May bereits im Jahr 1988 publiziert. *The Crypto Anarchist Manifesto*, das angelehnt an das 140 Jahre zuvor von Karl Marx und Friedrich Engels veröffentlichte *Manifest der kommunistischen Partei* mit folgenden Worten beginnt: »A specter is haunting the modern world, the specter of crypto anarchy.« Mays Kernthese: Kryptographie und das Internet würden es ermöglichen, dass Individuen oder Gruppen von Menschen völlig anonym kommunizieren, Geschäfte machen oder elektronische Verträge verhandeln können, ohne dabei ihre echten Namen zu kennen. Vater Staat werde das aber nicht gefallen:

> Der Staat wird natürlich versuchen, die Verbreitung dieser Technologie zu verlangsamen oder zu stoppen, und sich dabei auf nationale Sicherheitsbedenken, die Nutzung der Technologie durch Drogendealer und Steuerhinterzieher und die Angst vor dem Zerfall der Gesellschaft berufen. Viele dieser Befürchtungen werden berechtigt sein; die Krypto-Anarchie wird es ermöglichen, dass nationale Geheimnisse sowie illegale und gestohlene Materialien frei gehandelt werden können. Ein anonymer computergestützter Markt wird sogar abscheuliche Märkte für Attentate und Erpressung ermöglichen. Verschiedene kriminelle und ausländische Elemente werden aktive Nutzer des CryptoNet

sein. Aber auch das wird die Ausbreitung der Krypto-Anarchie nicht aufhalten.

1993 veröffentlichte Eric Hughes *A Cypherpunk's Manifesto*, einen weiteren Klassiker der Szene. Darin schrieb er:

> Wir müssen unsere eigene Privatsphäre verteidigen, wenn wir überhaupt eine haben wollen. Wir müssen uns zusammentun und Systeme schaffen, die anonyme Transaktionen ermöglichen. [...] Wir, die Cypherpunks, widmen uns dem Aufbau anonymer Systeme. Wir verteidigen unsere Privatsphäre mit Kryptographie, mit anonymen Postweiterleitungssystemen, mit digitalen Signaturen und mit elektronischem Bargeld.

Zwar gewannen die frühen Internetpioniere rund um Back, Hughes und May den ersten »Krypto-Krieg«, der unter anderem gegen die Clinton-Regierung und den damaligen US-Senator Joe Biden gefochten wurde. Exportkontrollen für Verschlüsselung wurden in der Folge liberalisiert. Doch die Cypherpunks wussten, dass Verschlüsselung allein nicht ausreichen würde, um das Internet vor zunehmender Überwachung und Kontrolle zu schützen. Um ein wirklich freies digitales Gemeingut zu schaffen, brauche man eine völlig souveräne Wirtschaft. Mit anderen Worten, man brauche eine Art digitales Bargeld.

Der wirtschaftsphilosophische Zugang der Cypherpunks hallt bis heute in der Bitcoin-Community nach: Sie waren nach dem Ende von Bretton Woods und der Koppelung des US-Dollars an Gold 1971 zutiefst misstrauisch gegenüber Fiatwährungen. Sie betrachteten das dadurch mögliche Gelddrucken als eine Form des Diebstahls und als Machtmissbrauch seitens der Politik. Was schwebte den Cypherpunks als Alternative vor? Die Bindung einer digitalen Währung an eine einzige Fiatwährung würde sie erneut den Launen von Zentralbanken, der Bürokratie und der prinzipiell korrumpierbaren Politik eines einzelnen Landes unterwerfen. Außerdem sollte ein solches System keine zentrale Partei haben, die es überwachen könne. Andernfalls würde dieser Akteur versucht sein, das System nach Belieben einzuschränken oder die Währung zu manipulieren. Eine echte Internet-Währung müsse demnach Hayeks Vision Realität werden lassen: Eine Trennung von Staat und Geld war dank Kryptographie erstmals denkbar geworden.

Auch Milton Friedman (1912–2006), einer der bedeutendsten liberalen Ökonomen des 20. Jahrhunderts, sah bereits im Jahr 1999 digitales Bargeld voraus:

> Das Internet wird eine der wichtigsten Kräfte sein, um die Rolle des Staates zu reduzieren. Was noch fehlt, aber bald entwickelt werden wird, ist ein zuverlässiges elektronisches Bargeld: eine Methode, mit der man über das Internet Geld von A nach B überweisen kann, ohne dass A B oder B A kennt – so wie ich einen 20-Dollar-Schein nehmen und ihn Ihnen übergeben kann, ohne dass es eine Aufzeichnung darüber gibt, woher er kommt.

Friedman sollte den Start von Bitcoin aber nicht mehr erleben. Dem Traum elektronischen Bargeldes tatsächlich nahe kam davor lediglich ein Projekt: das vom Berkeley-Professor David Chaum entworfene eCash. Chaum, der auch als einer der Urväter der Kryptowährungen und der Cyperphunk-Bewegung bezeichnet werden kann, war der Erste, der an einem Protokoll forschte, mit dem sich gegenseitig misstrauende Parteien vertrauen können. Seine 1990 gegründete Firma DigiCash entwickelte mit eCash eine Art Kryptowährung, mit der Geld wie eine E-Mail anonym verschickt werden konnte – so die Theorie. Doch trotz Kooperationen mit Banken und Tech-Firmen war eCash ein Flop. Stattdessen zeigte sich, dass die breite Masse für Online-Zahlungen lieber zu Start-ups wie PayPal oder gar der guten alten Kreditkarte griff. Und das, obwohl es in den frühen Tagen des kommerziellen Internets zunächst so schien, als ob niemand bereit wäre, die eigenen Daten einfach so an US-Tech-Unternehmen auszuhändigen. Bequemlichkeit triumphierte letztlich über etwaige Bedenken hinsichtlich der Privatsphäre, oder auch der Zensur. Denn wer von PayPal, beziehungsweise dem Duopol VISA und Mastercard keine Zahlungen mehr empfangen darf, hat als NGO oder Unternehmen ein Problem. Der in den 1990er Jahren viel beschworene ›Gläserne Mensch‹ wurde nicht zuletzt durch das bequeme 24-Stunden-Shopping auf Amazon und Co. Realität. Die Verheißungen der digitalen Welt waren es uns wert, von Amazon, Google oder Meta (ehemals Facebook) rund um die Uhr vermessen und ausgewertet zu werden. Die Hoffnung auf ein Geld ohne Staat schien zunächst verloren, bis ein Unbekannter auf der Bildfläche erschien.

Satoshi Nakamoto löst das Rätsel

Im Januar 2009 veröffentlichte Satoshi Nakamoto Version 0.1 der Bitcoin-Software. Wenige Monate zuvor war er aus dem Nichts in der Cypherpunk-Szene aufgetaucht, die seit den

1990ern über eine gemeinsame E-Mail-Liste kommunizierte. Jetzt stand seine Erfindung mitsamt einer kurzen Erklärung zum Download bereit:

> Ich habe ein neues Open-Source Peer-to-Peer e-Cash System namens Bitcoin entwickelt. Es ist komplett dezentralisiert, ohne zentralen Server oder sonstige Parteien, denen vertraut werden muss, weil alles auf Kryptographie anstatt auf Vertrauen basiert.

Wie konnte er ein Problem lösen, an dem die schlauesten Köpfe der Szene jahrzehntelang gescheitert waren? War digitales Geld ohne Mittelsperson nun tatsächlich Realität, oder gab es einen Haken, den der Unbekannte übersehen hatte? Und wer war dieser Nakamoto überhaupt? Ob hinter dem Pseudonym vielleicht eine Gruppe steckt, ist bis heute unklar. Da als Pseudonym ein männlicher japanischer Vorname gewählt wurde, betrachte ich Nakamoto in der Folge als männliche Einzelperson. Es könnte sich aber ebenso gut um eine Frau handeln. Oder um mehrere Personen. Wie dem auch sei, dieser Nakamoto veröffentlichte am 31. Oktober 2008 ein neun Seiten kurzes wissenschaftliches Paper mit dem Titel *Bitcoin: A Peer-to-Peer Electronic Cash System*. Darin bezieht er sich auf eine Reihe anderer Arbeiten, die bis in die 1950er zurückreichen. Bitcoin war also keine *Entdeckung* im Sinne eines zufälligen Geistesblitzes, wie sie der Legende zufolge Isaac Newton hatte, als er zufällig einen herunterfallenden Apfel beobachtete und just in diesem Moment über die Kräfte der Natur sinnierte. Wie der amerikanische Autor Austin Kleon zu sagen pflegt, gilt bei kreativen Ideen grundsätzlich: »Alles ist ein Remix«. Doch Nakamoto beließ es nicht bei grauer Theorie, sondern veröffentlichte Anfang Januar 2009 die erste Version der Bitcoin-Software. Er wollte über digitales Bargeld nicht im kryptographischen Elfenbeinturm debattieren, sondern programmierte kurzerhand eine erste, revolutionäre, wenn auch fehlerbehaftete Version.

Bitcoin war in vielerlei Hinsicht ein Durchbruch. Niemandem zuvor war es gelungen, bereits existierende technische Versatzstücke derart gekonnt miteinander zu kombinieren: Public-Key-Kryptographie, Peer-to-Peer-Netzwerke, digitale Signaturen, kryptographische Hashfunktionen und Zeitstempel, Hashketten und der Prozess Proof-of-Work waren alles Dinge, die Nakamoto nicht selbst erfand, sondern schlau ineinandergreifen ließ. Dieses bewusste Aufgreifen von Ideen anderer namhafter Cypherpunks wie Adam Back (*Hashcash*), Wai Dai (*b-money*) oder Hal Finney (*Reusable Proof-of-Work*) war ein Grund, weshalb Bitcoin in den Anfangstagen das Interesse vieler Gleichgesinnter weckte.

In Hal Finney fand Nakamoto seinen ersten und vorerst einzigen Mitstreiter. Finney arbeitete seit einiger Zeit selbst an einer Art Kryptowährung namens »RPOW – Reusable Proof of Work«. Genauer gesagt hatte Finney vor, einen Prototypen zu entwickeln und Nick Szabos Konzept von »Collectibles« umzusetzen, welches dieser in seinem 2002 erschienen Paper *Shelling Out: The Origins of Money* beschrieben hatte. Szabo geht darin detailliert auf die Ursprünge und die Evolution von Geld ein – von Tierfellen und -zähnen, über Muschelschalen und Gold. Dabei stellt er fest: In der Geschichte der Menschheit wurden über alle Kulturen hinweg verschiedene Dinge als Symbole für Wert verwendet. Was macht Geld also zu Geld? Szabos Definition von Geld steht in der Tradition des bereits erwähnten Ökonomen Carl Menger: Geld ist das, was zwei oder mehr Parteien als Zahlungsmittel akzeptieren. Szabo verwendet für diese primitiven Urformen des Geldes die Begriffe »Collectibles« und »Proto-Money«.

Finney war von Szabos Idee angetan, dass der Wert eines »Collectibles« nicht zwangsläufig rational begründet werden kann, sondern Wert eher aus einer Art Urinstinkt des Menschen entsteht, seltene Dinge als wertvoll zu erachten. Er war aber kein Ökonom, sondern Softwareentwickler. Neben seiner Arbeit bei der PGP Corporation, wo er die von Whistleblowern, Dissidenten und Journalisten weltweit beliebte E-Mail-Verschlüsselung PGP (kurz für »Pretty Good Privacy«) entwickelte, beschäftigte er sich als Hobby mit den theoretischen Konzepten staatenlosen Geldes.

Als Finney am 31. Oktober 2008 Nakamotos E-Mail erhielt, war er zunächst wenig enthusiastisch. Zu oft waren in den vergangenen Jahren Versuche in diese Richtung fehlgeschlagen. Zu utopisch schien der Traum von digitalem Bargeld. Und auch sein eigenes Projekt war weit davon entfernt, irgendjemanden außerhalb seines engsten Bekanntenkreises zu interessieren. Außerdem hatte er keine Ahnung, wer dieser Nakamoto überhaupt sein sollte. Nakamoto war ein Niemand, ein Unbekannter, ein Geist, der seine Idee an einen kleinen elitären und gut vernetzten Kreis schickte. Wer sollte einen völligen Neuling in dieser eingeschworenen Gemeinschaft ernst nehmen?

Neben Finney erhielten die E-Mail auch einige der bereits genannten Personen. Nakamoto kontaktierte unter anderem auch Back und Dai, um ihnen sein Projekt näherzubringen. Mit zunächst mäßigem Erfolg. Finney studierte Nakamotos Bitcoin-Whitepaper aber und antwortete schließlich am 8. November 2008 in der öffentlich zugänglichen Cypherpunk-Mailingliste, also genau eine Woche, nachdem Nakamoto seine erste E-Mail versandt hatte:

> Bitcoin scheint eine vielversprechende Idee zu sein. [...] Als Wikipedia startete, hätte ich nie gedacht, dass es funktionieren würde, aber es hat sich aus ähnlichen Gründen als großer Erfolg erwiesen. Ich glaube, dass eine Form von fälschungssicheren Token, deren Produktionsrate vorhersehbar ist und nicht von korrupten Parteien beeinflusst werden kann, einen potentiellen Wert hat. Dies wäre eher mit Gold als mit Fiatwährungen vergleichbar.

Finney riet Nakamoto, die Funktionsweise von Bitcoin detailliert zu beschreiben, um den Zweiflern den Wind aus den Segeln zu nehmen. Nakamoto ließ Finney in seiner Antwort allerdings wissen, dass er es lieber umgekehrt angehen würde: Er hätte eine erste Version des Codes bereits programmiert, da er ohnehin alles testen müsse, um sich zu vergewissern, dass Bitcoin tatsächlich ohne unvorhergesehene Probleme lauffähig sei. Finney und Nakamoto blieben in regem Kontakt, philosophierten und tauschten sich über künftig nötige Entwicklungsschritte aus.

Am 12. Januar 2009 schickte Nakamoto 10 Bitcoin an Finney, was als die erste Bitcoin-Transaktion in die Geschichte einging. Neun Tage zuvor, am 3. Januar 2009, startete Nakamoto die Software und somit das Bitcoin-Netzwerk erstmals. Anfangs bestand dieses nur aus einem einzelnen, dann aus zwei Rechnern, wahrscheinlich Nakamotos eigenen. An diesem Tag wurde der Genesis Block (Block Nummer 0) erstellt, der Nakamoto mit 50 Bitcoin belohnte. In diesem Block, der nach wie vor den unveränderbaren Startpunkt der Bitcoin-Blockchain darstellt, ist folgender Text zu finden: »*The Times 03/Jan/2009 Chancellor on brink of second bailout for banks.*« Hierbei handelt es sich um eine Schlagzeile auf der damaligen

Titelseite der britischen Tageszeitung *Times*, die sich mit den damaligen Bankenrettungsprogrammen beschäftigte – ein Beleg dafür, dass Bitcoin von Anfang an ein politisches Projekt war – auch wenn sich die Interpretationen je nach Blickwinkel unterscheiden. Viele sehen die Schlagzeile als Erinnerung daran, dass Menschen selbst die Schwachstelle im globalen Finanzsystem sein würden. Dass Banken und große Unternehmen nach dem Mantra »Too Big to Fail« wissen, dass Politik und Zentralbanken endlos billiges Geld zur Verfügung stellen, um das auf Pump finanzierte Wirtschaftssystem vor dem Kollaps zu bewahren. Und dass Bitcoin eine automatisierte, maschinell gesteuerte Alternative zu diesem für Korruption und Mutwilligkeit anfälligen System bieten würde.

Nakamoto war, wie auch sein Mitstreiter Finney, jedoch nicht daran interessiert, mit seiner Erfindung reich zu werden, denn für beide handelte es sich bei Bitcoin nicht um das Spekulationsobjekt, als das es heute mehrheitlich gesehen wird. Vielmehr war es für sie ein spannendes computerwissenschaftliches Experiment, das theoretisch eines Tages als politisches und ökonomisches Abwehrsystem Verwendung finden könnte – ähnlich wie die Verschlüsselungssoftware PGP, an deren Entwicklung Finney beteiligt war. Bitcoin sollte nicht deshalb funktionieren und von möglichst vielen Menschen genutzt werden, um eine kleine Gruppe von Entwicklern reich zu machen. Es sollte funktionieren, um Staaten und Zentralbanken Macht zu entziehen, um Menschen auf der gesamten Welt eine Alternative zur immer weiter voranschreitenden digitalen Überwachung zu liefern.

»Wir machen Big Brother obsolet. Das ist wichtige Arbeit«, schrieb der vom Recht auf digitale Privatsphäre überzeugte Finney in einer E-Mail an die frühe Bitcoin-Community, die nach und nach wuchs. Eine Woche nach dem Release von Nakamotos Client merkte ein Mitglied der Mailingliste an, dass kein Staat der Welt eine Idee wie Bitcoin im größeren Stil tolerieren werde. In seiner Antwort versuchte Finney zu beschwichtigen: »Bitcoin hat einige Vorteile: Erstens ist es dezentralisiert, es gibt keinen einzelnen Ausfallpunkt, keine ›Münzanstalt‹, kein Unternehmen mit leitenden Angestellten, die vorgeladen, verhaftet und ausgeschaltet werden können.« Für Finney stach schon damals ein heute entscheidender Aspekt hervor: Selbst wenn ein Staat Bitcoin für illegal erklären würde, könnte es dort dennoch weiter genutzt werden –, ob die Regierung das nun wolle oder nicht.

Wenn Finney nicht online war, waren Nakamotos Rechner häufig die einzigen, die im Bitcoin-Netzwerk liefen und neue Bitcoins generierten. Schätzungen zufolge häufte er in dieser Phase rund 980 000 BTC an, was etwa 5 Prozent der je existierenden Gesamtmenge entspricht. Je nach Kurs sind Nakamotos Bitcoins heute Milliarden von Euro wert.

Obwohl Finney zu Nakamotos treuesten Unterstützern zählte und Bitcoin bei jeder Gelegenheit gegen Kritik verteidigte, war sich sogar er zeitweise nicht sicher, ob das Projekt tatsächlich das ist, was er sich erhofft hatte. So stellte er etwa das Minen neuer Bitcoins ein, als er sich über den bereits damals vorhandenen hohen Ressourcenverbrauch und die Abnutzungserscheinungen bei seinem ständig auf Hochtouren laufenden Laptop bewusst wurde. Außerdem zweifelte er aufgrund der öffentlich einsehbaren Blockchain daran, ob Bitcoin für den Schutz der Privatsphäre geeignet sei –, schließlich waren Transaktionen nicht anonym, sondern nur pseudonym. Finneys größte Hürde bei der weiteren Entwicklung von Bitcoin waren aber nicht seine Zweifel, die letztlich wieder seiner

Begeisterung für die erste funktionierende Kryptowährung wichen, sondern gänzlich anderer Natur: Er hatte zunehmend Probleme beim Sprechen, und plötzlich machten dem leidenschaftlichen Marathonläufer selbst kürzere Strecken zu schaffen. Die niederschmetternde Diagnose kam im August 2009: Amyotrophe Lateralsklerose (ALS). Dabei kommt es zu Muskelschwund und in weiterer Folge zur Lähmung des ganzen Körpers. Auch die Sprachfähigkeit ist davon betroffen, die an ALS-erkrankte Personen schließlich komplett verlieren. Finney beschloss, sich frühzeitig aus der zeitraubenden aktiven Entwicklung von Bitcoin zurückzuziehen, um die wenige Zeit, die ihm noch blieb, mit seiner Familie verbringen zu können. Finney ging wie angekündigt offline und stellte die Kommunikation mit Nakamoto ein.

Monate vergingen. Mäßig motivierte Unterstützer kamen und gingen. Die frühe Bitcoin-Community hatte nach wie vor den Charme eines netten Hobby-Projektes, bei dem sich Programmierer mit seltsamem Humor ihre Zeit vertrieben. Niemand dachte wirklich daran, reich zu werden, Bitcoin war vielmehr ein Herzensprojekt, für das es sich sogar lohnte, am Ende des Tages draufzuzahlen. Gavin Andresen, der später leitender Entwickler bei Bitcoin werden und somit in Nakamotos Fußstapfen treten sollte, kaufte 2010 rund 10 000 Bitcoins für 50 US-Dollar und startete eine Webseite namens »Bitcoin Faucet«, wo er Bitcoins kostenlos an Interessenten verteilte, um bei deren Verbreitung zu helfen. Etwas später begann ein Bauer aus Massachusetts, Alpakasocken im Austausch für Bitcoins zu verkaufen.

Etwa zur gleichen Zeit, als prestigeträchtige Medien wie *Time* und *Forbes* erstmals größere Artikel über Bitcoin brachten, entschied sich Nakamoto dazu, sich zurückzuziehen. Sei-

Die zwei teuersten Pizzen aller Zeiten

Eine der kuriosesten Bitcoin-Anekdoten ist jene rund um den frühen Bitcoin-Fan Laszlo Hanyecz. Er kündigte im Bitcoin-Talk-Forum seine Bereitschaft an, sich für zwei Pizzen von 10 000 seiner insgesamt etwa 70 000 BTC trennen zu wollen:

> *Ich zahle 10 000 Bitcoins für ein paar Pizzen ... Vielleicht zwei große, damit ich für den nächsten Tag etwas übrig habe.* [...] *Du kannst die Pizza selbst machen und sie zu mir nach Hause bringen. Oder du kannst sie für mich bei einem Lieferservice bestellen. Ziel ist es, Essen im Tausch gegen Bitcoins geliefert zu bekommen, ohne dass ich es selbst bestellen oder zubereiten muss.*

Drei Tage später, am 22. Mai 2010, fand sich schließlich jemand, der bereit war, Hanyecz zwei Pizzen im Austausch gegen 10 000 BTC zu bestellen. Der 22. Mai gilt seither innerhalb der Community als ›Pizza Day‹. Amüsant – und für Hanyecz wohl eher frustrierend – ist, dass der aktuelle Gegenwert von 10 000 BTC täglich auf dem Twitter-Account @bitcoin_pizza gepostet wird. Stand Mitte 2022: rund 370 Millionen Euro.

nen letzten Post im BitcoinTalk-Forum setzte der Erfinder der ersten funktionierenden Kryptowährung am 12. Dezember 2010 ab. Allerdings kommunizierte er weiterhin mit einem kleinen Kreis an Vertrauten, darunter Gavin Andresen, Martti Malmi und Mike Hearn, die mittlerweile zu Bitcoin-Entwicklern geworden waren. Als Anfang 2011 klarer wurde, dass sich Nakamoto nicht mehr aktiv an der Entwicklung von Bitcoin beteiligte, fragte ihn Hearn im April 2011 nach seinen weiteren

In Budapest wurde 2021 eine gesichtslose Statue zu Ehren Satoshi Nakamotos errichtet.

Plänen für das Projekt. Nakamoto antwortete: »Ich habe mich anderen Dingen zugewandt. Es ist bei Gavin und allen anderen in guten Händen.«

Einige Tage später beschwerte sich Nakamoto über die Mythenbildung und das dadurch zunehmend angekratzte Image Bitcoins, die bekanntere Entwickler wie Gavin Andresen laut ihm anfeuern würden. In einem Interview, das Andresen einem Online-Radiosender gab, beschrieb er Nakamotos Nachrichten an ihn folgendermaßen: »Ich wünschte, du würdest nicht ständig von mir als eine mysteriöse Schattengestalt sprechen. Die Presse macht daraus nur eine Art Piratenwährung.«

Andresen zeigte sich einsichtig. Er ließ Nakamoto aber auch wissen, dass ihn die CIA eingeladen habe, um mit ihm über Bitcoin zu reden und dass er vorhabe, die Einladung anzunehmen. Er war optimistisch, dass dieser offene Zugang die richtige Strategie sei und dass die CIA einsehen würde, warum Bitcoin eine bessere, effizientere und weniger von politischer Einflussnahme abhängige Form von Geld sei. Auf diese letzte E-Mail erhielt Andresen nie eine Antwort, was darauf schließen lässt, dass Nakamoto davon wenig begeistert war. Das allerletzte Lebenszeichen von Nakamoto erhielt schließlich Martti Malmi. Nakamoto bat ihn via E-Mail, die Verantwortung über die Webseite bitcoin.org zu übernehmen. Er schrieb Anfang Mai 2011 an ihn: »Ich habe mich anderen Dingen zugewandt und werde wahrscheinlich in Zukunft nicht mehr hier sein.«

Zwischenstopp im Darknet

Am 29. Mai 2015 stand das Urteil fest: Lebenslänglich, ohne Aussicht auf vorzeitige Entlassung. Die Symbolwirkung war entscheidend, denn wer für das Betreiben des größten digitalen Schwarzmarktes der Welt verhaftet wurde, soll dafür büßen – und zwar dass es sich gewaschen hat. Der Verurteilte war niemand Geringerer als »Dread Pirate Roberts«. Seines Zeichens eine Legende im Darknet, dem dunklen Zwilling des Internets, auf dem er die Jahre zuvor mit seinem Projekt Silk Road Millionen, ja gar Milliarden, scheffelte. Schätzungen zufolge passierten zur Hochphase rund 80 Prozent aller Bitcoin-Transaktionen den Online-Shop für Drogen, gefälschte Dokumente und mehr. Bezahlt wurden die Transaktionen, bei der niemand die Identität oder Kontonummer preisgeben musste, mit Bitcoin.

Als Ross William Ulbricht, wie »Dread Pirate Roberts« mit echtem Namen hieß, am 1. Oktober 2013 vom FBI in einer Bibliothek in San Francisco verhaftet wurde, stellten die Agenten seinen geöffneten und in Silk Road eingeloggten Laptop sicher. Satte 144 000 Bitcoin gingen so den Behörden ins Netz. Ulbricht plädierte im Prozess auf nicht schuldig – und ist auch jetzt, nach Jahren im Hochsicherheitsgefängnis, überzeugter Anarchokapitalist und Libertärer. Für ihn war Silk Road vor allem ein Ventil, um seine radikale, libertäre Ideologie Realität werden zu lassen. Als Betreiber war er nicht nur mit dem Stopfen von Sicherheitslücken und administrativen Tätigkeiten beschäftigt, sondern schlug sich im Silk-Road-Forum bei endlosen philosophischen Debatten die Nächte um die Ohren. So sei es allein die Entscheidung eines jeden einzelnen Menschen, ob und welche Substanzen er zu sich nimmt. Staatliche Einflussnahme in Form von Drogengesetzen sei pure Bevormundung und strikt abzulehnen. Für Ulbricht waren Silk Road und Bitcoin Werkzeuge, deren Zweck er 2012 so definierte:

> Sie fordern die Mächtigen heraus und geben den Menschen endlich die Möglichkeit, sich für die Freiheit und nicht für die Tyrannei zu entscheiden [...]. Menschen können jetzt den Informationsfluss und die Verteilung von Informationen und den Geldfluss kontrollieren [...]. Stück für Stück wird der Staat aus der Gleichung herausgenommen und die Macht wird dem Einzelnen zurückgegeben.

Seinen Online-Shop sah er als wertvollen Beitrag, konnten über die Plattform doch bewusstseinsverändernde Substanzen sicher vom Computer aus bestellt werden, anstatt an einer Straßenecke das Risiko einzugehen, verhaftet oder übers Ohr gehauen zu werden. Ein Bewertungssystem wie bei Amazon stellte bei Silk Road sicher, dass nur seriöse Verkäufer erneut

Käufer finden würden. Wer schlechte Qualität verkaufte oder seine (anonymen) Kunden anderweitig enttäuschte, flog raus. Die US-Behörden, die für ihren erbarmungslosen »War on Drugs« bekannt waren, sahen das Ganze weniger positiv. Ulbricht gilt in der Szene heute als Pionier und Held. Jemand, der als Erster zeigte, was Bitcoin kann – und gleichzeitig dafür verantwortlich ist, dass Bitcoin bis heute der zweifelhafte Ruf des »Drogengeldes« nachhängt. Dennoch: Dank Silk Road war Bitcoin plötzlich ein Thema für die Abendnachrichten. Die Scheinwerfer waren auf das seltsame Internetgeld gerichtet, dessen Nutzen offensichtlich darin bestand, im Internet allerhand Illegales zu tun.

Viele fragten sich nach dem Ende von Silk Road, ob Bitcoin abseits davon überhaupt relevant bleiben würde. Der Sinn hinter Bitcoin erschloss sich damals für viele nur schwer. Oberflächlich betrachtet war Bitcoin nutzlos, und um darin Potential zu sehen, brauchte man eine gehörige Portion Vorstellungsvermögen. Rückblickend war Silk Road aber eine wichtige Episode in der Geschichte Bitcoins. Denn schon damals zeigte sich: Bitcoin ist eine Technologie, die zwar von Kriminellen verwendet wird, aber dennoch neutral gesehen werden muss. Und das Ende von Silk Road bedeutete nicht das Ende von Bitcoin. Im Gegenteil: Als die bei Ulbricht beschlagnahmten Bitcoins 2014 versteigert wurden, war das ein wichtiger Etappensieg, der dem Projekt mehr Legitimität gab. 30 000 Bitcoin standen zum Verkauf, der Investor Tim Draper kaufte sie in einer bei 17 Millionen US-Dollar gestarteten Auktion. 45 Bieter gaben 63 Gebote ab, wie viel Draper schließlich bezahlte, ist nicht bekannt. Damals hielten ihn natürlich alle für verrückt.

Bitcoins Aufstieg kam zugute, dass es einen wesentlichen menschlichen Instinkt anspricht: Gier.

Digitaler Goldrausch

Auf der Suche nach dem besseren Bitcoin

Bitcoin war von Anfang an einem Ideenwettbewerb ausgesetzt. Dieser beschränkte sich zunächst nur darauf, wie Bitcoin selbst weiterentwickelt werden könne. Schon bald trat jedoch Konkurrenz auf den Plan, die aufbauend auf Nakamotos Erfindung um Aufmerksamkeit buhlte. Das hat auch damit zu tun, dass innerhalb der Bitcoin-Community von Beginn an zwei Fragen heiß diskutiert wurden: Erstens, ob Bitcoin noch mehr könne, als digitales Bargeld zu sein. Und zweitens, wie es Bitcoin schaffen solle, mit seinen auf 1 Megabyte begrenzten Blöcken von Millionen oder gar Milliarden Menschen gleichzeitig genutzt werden zu können. Da aufgrund dieser Einschränkung nur eine begrenzte Menge an Transaktionen alle zehn Minuten verpackt werden konnte, stellte dies zunächst ein theoretisches und später auch ein praktisches Problem dar.

Erstere Frage mündete in eine breitere Debatte darüber, ob sich das Bitcoin-Netzwerk auch für das Sichern anderer Informationen eignen würde, etwa notarieller Beglaubigungen. Ethereum beispielsweise war zwar keine direkte Bitcoin-Abspaltung, manche sahen darin aber so etwas wie ein Bitcoin 2.0. Bitcoin-Fans kritisieren Ethereum dafür, dass eine kleine Elite um Gründer Vitalik Buterin die Mehrheit der auf dem Ethereum-Netzwerk laufenden Kryptowährung Ether besitzen und die Regeln des Protokolls laufend anpassen würde – ein No-Go für eingefleischte Bitcoiner. Letztlich schafften es Bitcoin und Ethereum aber trotz ihrer Animositäten jeweils ihre Daseinsberechtigung zu finden.

Als das Ethereum-Netzwerk Mitte 2015 schließlich startete, versprach es eine Art besseres, flexibleres Bitcoin mit mehr Funktionen zu sein. In den folgenden Jahren kam es zur regelrechten Explosion von auf Ethereum aufbauenden Kryptowährungen, deren Erstellung nur wenige Minuten dauerte. Auf dem Ethereum-Netzwerk konnten also alle, die wollten, zur digitalen Münzprägeanstalt werden. Im Idealfall wurde diese Fähigkeit zur Finanzierung junger Unternehmen innerhalb der Branche genutzt. Aufgrund fehlender Regulierung und leichtgläubiger Investoren verschwanden viele dieser vermeintlich innovativen, und oft leider von vornherein auf Betrug ausgelegten, Unternehmen aber wieder. Mit all den eingesammelten Bitcoins oder Ether, der Kryptowährung des Ethereum-Netzwerks, – versteht sich. Seither versuchen immer neue Kryptowährungen, die auch Altcoins genannt werden, eher Ethereum Konkurrenz zu machen als Bitcoin.

Im September 2022 gab es laut coinmarketcap.com über 21 000 solcher Altcoins. Befeuert von einer durch lockere Geldpolitik entstandenen *Everything Bubble* stiegen nicht nur die Preise von Immobilien, Aktien und Gold, sondern natürlich auch jene von Kryptowährungen. Da die Erstellung einer Kryptowährung nicht viel Aufwand oder Wissen erfordert, war die Mehrheit der in diesem Umfeld des lockeren Geldes entstandenen Bitcoin-Alternativen völlig unbedeutend. Un-

Wer ist Satoshi Nakamoto?

Rund um den mysteriösen Bitcoin-Erfinder ranken sich zahlreiche Legenden. War es eine Einzelperson oder eine Gruppe von Menschen? Werfen wir einen Blick auf die spannendsten Theorien.

Dorian Nakamoto

2014 hatte das US-Wochenmagazin *Newsweek* einen ganz großen Fisch an der Angel: Die Journalistin Leah McGrath Goodman hatte Nakamoto enttarnt. Nicht nur der Nachname war offenbar der richtige, auch weitere Indizien stimmten. Nakamoto lebte nur unweit von Hal Finney, hatte in Kalifornien Physik studiert und arbeitete für die Regierung als Computerwissenschaftler an geheimen Projekten des Verteidigungsministeriums. In den 1990ern wandte er sich seiner Tochter zufolge dem Libertarismus zu. Als weitere Medien ihn zu befragen begannen, verneinte er die von *Newsweek* aufgestellten Behauptungen. Es wurde deutlich, dass der ältere Herr nicht einmal genau wusste, worum es sich bei Bitcoin handelt. Die Statements gegenüber *Newsweek* seien aus dem Kontext gerissen gewesen, und er dachte, die Journalistin hätte ihn nach seiner früheren Arbeit für die Regierung gefragt. Dorian Nakamoto avancierte in der Bitcoin-Szene dennoch zum Star, der regelmäßig auf Konferenzen eingeladen wird – und diesen Einladungen mit einer gesunden Portion Selbstironie gerne nachkommt.

Hal Finney

Der nächste Kandidat ist Dorian Nakamotos Nachbar Hal Finney. Finney war ein umtriebiger Programmierer und früher Cypherpunk. Der Journalist Andy Greenberg ließ Texte von Finney analysieren und kam zum Schluss, dass der Schreibstil jenem von Nakamoto stark ähneln würde. Finney könnte also unter dem Pseudonym Satoshi Nakamoto aufgetreten sein, der – wenig kreativ – den Namen seines Nachbarn als Deckung nutzte. Greenberg änderte seine Meinung aber, als er sich mit Finney traf und sich die Mails zwischen ihm und Nakamoto durchlas. Für Greenberg stand danach fest: Finneys Beteuern, nicht Nakamoto zu sein, sondern dem Pseudonym nur als Erster geholfen zu haben, sei schlüssig. Der Marathonläufer Finney machte 2009 seine ALS-Erkrankung offiziell, im März 2013 postete er im BitcoinTalk-Forum, dass er nun vollständig gelähmt sei. Er arbeitete bis kurz vor seinem Tod weiter an Bitcoin und starb im August 2014. Sein Körper wurde per Kryokonservierung eingefroren, mit dem Ziel, ihn irgendwann wiederzubeleben.

Nick Szabo

Wie bei Hal Finney gibt es bei Nick Szabo Indizien, der eigentliche Urheber hinter den Texten und Codes Nakamotos zu sein. Szabo war nicht nur ein an Kryptographie interessierter Programmierer, sondern auch jemand, der sich ausführlich mit Geldgeschichte und – als einer der ersten Menschen überhaupt – mit den juristischen Implikationen von digitalen Verträgen, also »Smart Contracts«, beschäftigte. 1998 veröffentlichte er ein Paper, in dem er das theoretische Design von Bit Gold beschrieb. Dieser geistige Vorgänger Bitcoins wurde aber nie technisch umgesetzt. Was vielen verdächtig erscheint, ist, dass Szabos Bit Gold trotz vieler Parallelen nicht im Bitcoin Whitepaper erwähnt wird. Szabo selbst dementierte stets vehement, Satoshi Nakamoto zu sein. 2014 schrieb er dem Journalisten Dominic Frisby per E-Mail: »Ich fürchte, Sie haben mich fälschlicherweise als Satoshi [Nakamoto] enttarnt, aber ich bin es gewohnt.« Der *New York Times*-Journalist Nathaniel Popper, der in seinem Buch *Digital Gold* die frühen Tage Bitcoins nacherzählt, hält Szabo trotz dessen Beteuerungen für Nakamoto.

Craig Wright

Der umstrittenste Kandidat ist zweifellos der australische Unternehmer und Informatiker Craig Wright. Anders als Szabo oder Finney macht Wright nämlich nicht durch Dementi auf sich aufmerksam, im Gegenteil: *Wired* schrieb im Dezember 2015, dass Wright entweder Bitcoin erfunden habe oder ein genialer Fälscher sei, der die Welt davon überzeugen wolle, Nakamoto zu sein. Seither führt er eine erbitterte Schlacht gegen alle, die zweifeln, und hat 2019 ein Patent auf das Bitcoin Whitepaper und den Bitcoin Code in der Version 0.1 angemeldet. Im Verlauf des

bedeutend umfasst alles von »gänzlich auf Betrug ausgelegt«, über »irreführende Versprechen, um eine kleine Gründungselite reich zu machen« bis zu »Abklatsch eines Abklatsches«. Das Spektrum ist breit gefächert. Vor allem jüngere, unerfahrenere Neulinge witterten in besonders exotischen, möglichst komplex anmutenden Kryptowährungen eine Chance, die unglaublichen Wertsteigerungen, die sie bei Bitcoin, Ethereum und Co. verpasst hatten, noch einmal miterleben zu können. Gier und Blauäugigkeit öffneten unseriösen Angeboten und Zu-gut-um-wahr-zu-sein-Deals Tür und Tor. Viele Menschen hinter diesen Projekten zogen es vor, so wie Nakamoto selbst,

Streits um die Blockgröße Bitcoins hat er außerdem eine eigene Bitcoin-Abspaltung ins Leben gerufen. Deren Name ist, wie sollte es anders sein, Bitcoin SV (*Satoshi's Vision*).

Weitere Theorien

Könnte hinter dem Pseudonym Satoshi Nakamoto keine Einzelperson, sondern ein Team gesteckt haben? Etwa Cypherpunks wie Adam Back, Hal Finney und Nick Szabo, auf deren Arbeiten direkt oder indirekt im Bitcoin Whitepaper eingegangen wird? Eine weitere interessante Theorie ist, dass Nakamoto tatsächlich ein Niemand war, der oder die das Geschehen aus dem Dunkel heraus beobachtete. Zusätzlich dazu kursieren dutzende weitere Theorien. Etwa dass Bitcoin eine Erfindung eines US-Geheimdienstes sei, dass Silk-Road-Gründer Ross William Ulbricht oder gar Tesla-Chef Elon Musk dahinterstecken würde. Wir werden es wohl nie erfahren. Und letztlich spielt es auch keine Rolle. Denn wie Bitcoin-Fans gerne zu sagen pflegen: »We are all Satoshi«.

nur unter einem Pseudonym aufzutreten. Ein weiterer Faktor, der dabei behilflich war, mit größeren Summen einfach unterzutauchen (»Rug Pull« nannte sich das in der Szene). Das Risiko, in einen schon bald »toten« Altcoin zu investieren, ist bei jeder Hype-Welle und den damit neu aus dem Boden sprießenden Kryptowährungen enorm hoch.

Die größte Gefahr für Bitcoin ging aber zumindest im ersten Jahrzehnt seines Bestehens nicht von anderen Kryptowährungen aus, sondern von seiner eigenen Community. Dabei stand die Frage im Zentrum, wie das von Nakamoto ursprünglich beschriebene »Peer-To-Peer Electronic Cash System« nicht nur von wenigen Nerds, sondern von hunderten Millionen, ja gar Milliarden Menschen verwendet werden solle. Viele fundamentale Eigenschaften Bitcoins wurden nämlich nicht in Nakamotos Whitepaper beschrieben. Darunter die Begrenzung auf 21 Millionen Bitcoins oder die Blockzeit von zehn Minuten. Als Bitcoin von Nakamoto veröffentlicht wurde, gab es auch keine Begrenzung für die Dateigröße der Blöcke. Ein »Block Size Limit« von 1 Megabyte je Block führte Nakamoto erst im Sommer 2010 ein. Er tat das ohne genaue Ausführungen; später sollten einige meinen, er habe 1 Megabyte nur temporär gewählt, wofür es aber keine Belege gibt. Er äußerte sich in den rund zwei Jahren, in denen er aktiv an der Entwicklung von Bitcoin beteiligt war, gewohnt diplomatisch, wenn zum Thema »Block Size« diskutiert wurde. Das würde sich im »Bitcoin-Bürgerkrieg« zwischen 2015 und 2017 als fatal erweisen, da beide Seiten immer wieder Nakamotos unentschlossene, unparteiische Standpunkte heranzogen, um ihre Argumente zu unterstreichen. Die Bitcoin-Community zerbrach in sogenannte »Small Blocker« und »Large Blocker«. Der Autor des Buches *Blocksize War* Jonathan Bier schrieb:

> Die Debatte nahm fast religiöse Züge an, wobei beide Seiten jedes Satoshi-Zitat danach abklopften, ob es ihnen nützen könnte. Was Satoshi dachte, sollte aber keine große Rolle mehr spielen. Viele Small Blocker waren der Ansicht, dass Satoshi jetzt irrelevant sei.

Da man mittlerweile mehr über Bitcoin wusste als Satoshi zu seiner Anfangszeit und man sah, wie sich das Bitcoin-Netzwerk in Aktion verhielt, hätten sich die Spielregeln verändert. Viele argumentierten laut Bier, dass Bitcoin keine Religion sei und Satoshi demnach auch kein Prophet. Bier mutmaßt, dass damit auch Nakamotos Verschwinden zusammenhänge:

> Bitcoin musste in sich selbst robust genug sein, um dem immensen Druck, dem ein kontroverses, revolutionäres Geldsystem ausgesetzt sein wird, standhalten zu können. Es soll dabei nicht auf ein Individuum angewiesen sein, das möglicherweise einfach gestoppt werden könnte. Das ist vielleicht der Grund, warum Satoshi verschwand.

Was wir heute als Bitcoin bezeichnen, hat übrigens nach wie vor das ursprüngliche 1 Megabyte Block Size Limit. Mit einigen Updates, die mehr Transaktionen pro Block erlauben. Anstatt auf der Bitcoin-Blockchain selbst mehr Datendurchfluss zu erlauben, basteln die Small Blocker heute an Lösungen, die auf Bitcoin aufbauend sofortige, nahezu kostenlose Transaktionen erlauben. Projekte wie das »Lightning Network« funktionieren dabei wie eine Art Überführungsstraße, auf der unendlich viele Autos mit Lichtgeschwindigkeit fahren können, während unten, wie gehabt, die Schwerlaster alle zehn Minuten mit Bitcoin-Transaktionen im Gepäck unterwegs sind. Diese Lösung ist umstritten, weil sie (noch) auf ein gewisses Maß an Zentralisierung angewiesen ist. Der Kampf um Bitcoins Skalierung ist somit noch nicht beendet.

Und was wurde aus den Large Blockern? Mit Bitcoin Cash verwirklichten Roger Ver, ein früher Bitcoin-Investor, und Bitmain, der größte Hersteller von Bitcoin-Mining-Hardware, ihre Version von Bitcoin. Sie organisierten Konferenzen und ermutigte Händler dazu, Bitcoin Cash zu akzeptieren. Über Jahre hinweg investierten sie viel Geld darin, »ihr Bitcoin« zu vermarkten. Doch Bitcoin Cash kam trotz allem im

Vergleich zu Bitcoin nicht ins Rollen. Bier resümiert in seinem Buch:

> Bitcoin Cash enttäuschte nicht nur in Sachen Preis im Vergleich zu Bitcoin, es hatte auch ein geringeres On-Chain-Volumen, obwohl On-Chain-Durchsatz und ein höheres Block-Size-Limit angeblich die wichtigsten Gründe für Bitcoin Cash hätten sein sollen.

Vom Bürgerkrieg geblieben sind einige wichtige Erkenntnisse, die Bitcoins Resilienz bestätigt haben. Obwohl sich hinter den Large Blockern namhafte frühe Bitcoiner wie Roger Ver, große Bitcoin-Börsen und selbst der milliardenschwere Mining-Gigant Bitmain positionierten, gewannen letztlich die Small Blocker. Bei diesem David-gegen-Goliath-Konflikt wurde klar, dass die Miner weniger Macht haben als angenommen und selbst sie nicht die Regeln des Bitcoin-Netzwerkes ändern können.

Bei genauerer Betrachtung wird klar, dass das heutige Bitcoin weder schnell noch innovativ sein will. Stattdessen stehen Dezentralisierung und Zensurresistenz im Vordergrund. Die Transparenz des Netzwerkes ist ebenfalls gewollt; nur so kann man dem Anspruch absoluter, nachvollziehbarer Knappheit gerecht werden. Einfachheit, Stabilität und günstige Überprüfbarkeit durch die Möglichkeit, Nodes selbst zu betreiben, sind weitere Faktoren, die Bitcoin von anderen Kryptowährungen unterscheiden, die diesen Anspruch an sich selbst nicht stellen und genau genommen eher Tech-Start-ups als ernstzunehmende Bitcoin-Konkurrenz sind. Dennoch brachten diese Tech-Start-ups eine milliardenschwere Industrie hervor, die Early Adopter reich und mächtig machten.

Wäre Silk-Road-Gründer Ross William Ulbricht nicht geschnappt worden, wäre er heute Multimilliardär. Am Tag seiner Verhaftung im Oktober 2013 hatte Ulbricht Zugriff auf etwa 144 000 BTC, was zur damaligen Zeit immerhin 17,4 Millionen US-Dollar entsprach. 2022 sitzt Ulbricht zwar immer noch im Hochsicherheitsgefängnis, seine Bitcoins wären aber mittlerweile Milliarden von US-Dollar wert. Ulbricht und Personen, die Silk Road nutzten, zählten neben den Cypherpunks zu den Ersten, die finanziell übermäßig vom Bitcoin-Boom profitierten. Nicht wenige bereuen ihre Einkäufe bei Silk Road aber wohl. Wahrscheinlich weniger wegen der bewusstseinserweiternden Effekte, sondern weil hunderte Bitcoins für ein paar Gramm Cannabis rückblickend kein besonders guter Deal waren. Geschichten wie jene von Ulbricht zeigen: Wer Bitcoin möglichst früh entdeckte und schon 2012, 2011 oder gar 2010 größere Mengen davon anhäufte, war zehn Jahre später in einer äußerst privilegierten Position. Sofern die Bitcoins nicht zwischenzeitlich wieder verkauft, verschenkt, verloren oder, wie bei Ulbricht, konfisziert wurden. Dieser Aspekt bringt Bitcoin auch den Ruf eines Art Schneeballsystems ein: Wer früh einsteigt, hat ein Interesse daran, andere von einer Investition zu überzeugen und so den Preis in für sich selbst gewinnbringende, möglichst astronomische Sphären zu katapultieren. Da bei Bitcoin nur Nachfrage und Angebot entscheidend sind, muss es konstant Bedarf geben, der den Preis ankurbelt. Die Fokussierung auf dieses Thema in den Jahren nach Nakamotos Rückzug nagte am rebellischen Selbstbild der Szene. Vor allem jenen, die aufgrund potentiell lukrativer Spekulation angelockt wurden, ging es nicht um Ideale, sondern um schnelles Geld.

Doch wie kam es überhaupt dazu, dass der Preis von Bitcoin in solch astronomische Höhen kletterte? Von 2009 bis Anfang 2010 war Bitcoin praktisch wertlos. Als es im April 2010 erstmals gegen US-Dollar gehandelt wurde, bewegte es sich in den ersten sechs Monaten stets unterhalb von 14 Cents. Das änderte sich ab Sommer 2010, als Bitcoin seine allererste Hype-Phase durchlebte, die auch damit zusammenhing, dass erste Bitcoin-Börsen aufkamen, also Websites, auf denen Bitcoins gegen eine kleine Gebühr ge- und verkauft werden konnten. Am populärsten wurde eine Seite namens Mt.Gox, die von ihrem Gründer Jed McCaleb eigentlich als Handelsplattform für Karten des Spiels Magic: The Gathering gestartet worden war. Die Nachfrage nach begrenzt verfügbaren Bitcoins stieg, der Preis schoss Anfang November 2010 auf 36 Cents. Im Februar 2011 wurde schließlich erstmals eine Parität zum US-Dollar erreicht, 1 Bitcoin war also erstmals 1 US-Dollar wert. Im Frühling 2011 berichtete *Forbes* über Bitcoin, was den Preis durch die Decke gehen ließ. Als der US-Blog *Gawker* am 1. Juni 2011 über Bitcoins Popularität auf Online-Drogenmarktplätzen berichtete, explodierte der Preis abermals. Diesmal auf bis zu 27 US-Dollar je Bitcoin. Die 10 000 Bitcoins, die Laszlo Hanyecz damals für seine zwei Pizzen bezahlt hatte, entsprachen plötzlich über 270 000 US-Dollar. Zum Glück ahnte er noch nicht, wie sich der Bitcoin-Preis in den folgenden Jahren entwickeln sollte.

Infolge dieser ersten Bitcoin-Blasen wurden nicht nur die Early Adopter zu Millionären. Vielen fiel es wie Schuppen von den Augen, dass sich mit Bitcoin, das nach wie vor einem Hobby-Projekt glich, viel Geld verdienen lasse. Und zwar richtig viel. Einige der frühen Glücksritter kamen aus dem Online-Glückspiel oder hatten sich notgedrungen durch Silk-Road-Käufe ein paar hundert Bitcoins angeschafft. Die ersten Gehversuche in diese Richtung waren demnach geprägt von stümperhaften Unternehmen, die sich wenig um Gesetze scherten und nach und nach das Zeitliche segneten. Vor allem Mt.Gox war trotz seiner Popularität eine höchst unzuverlässige Plattform, bei deren Nutzung zahlreiche frühe Bitcoin-Besitzer schlechte Erfahrungen machten. Als Anfang 2014 das mittlerweile in Japan ansässige Unternehmen Insolvenz anmeldete, wurden rund 70 Prozent aller Bitcoin-Transaktionen über die Seite abgewickelt. Gerichtsverfahren rund um verlorene oder bewusst unterschlagene Bitcoins ziehen sich bis heute hin. Eine Ausnahme war das von Brian Armstrong im Jahr 2012 gegründete Unternehmen Coinbase. Er war wie viele frühe Bitcoin-Enthusiasten frustriert von der fehlenden Professionalität und Nutzerfreundlichkeit damaliger Bitcoin-Börsen. Coinbase wurde zur enorm populären Anlaufstelle für den Kauf von Kryptowährungen. Im April 2021 ging Coinbase mit einer gigantischen Bewertung von 85 Milliarden US-Dollar an die Börse. Bei eingefleischten Bitcoin-Fans ist aber auch Coinbase ein rotes Tuch, vor allem weil es im Laufe der Jahre zu einer Art Casino wurde, das sein Geld vor allem damit verdient, Kleinanlegern immer neue, exotische Kryptowährungen schmackhaft zu machen. Dennoch ist unbestreitbar, dass Unternehmen wie Coinbase viel dazu beigetragen haben, Bitcoin und Kryptowährungen einer breiten Masse zugänglich zu machen.

2022, über ein Jahrzehnt nach dem Start von Bitcoin, hat es sich vom Hobby-Projekt über Darknet-Geld hin zu einer neuen, wenn auch nach wie vor umstrittenen, Anlageklasse entwickelt. Dass wir bei dieser Entwicklung erst am Anfang stehen, darüber sind sich mittlerweile nicht nur Investorenlegenden wie Ray Dalio, Paul Tudor Jones oder Peter Thiel einig. Auch die Politik fing an, sich für das spekulative Investment zu interessieren, das in der Finanzbranche langsam als »Digitales Gold« Akzeptanz fand. Das altehrwürdige Wochenmagazin *The Economist* nannte 2018 Bitcoin noch »nutzlos«, kam 2021 aber zum Schluss, dass es wohl nicht schadet, ein wenig davon im Anlageportfolio zu haben. Allerdings wurden aus Sorge vor der Spekulationsblase, die im Zuge der Coronapandemie entstanden war und bei der ein Bitcoin kurzweilig für sagenhafte 69 000 US-Dollar gehandelt wurde, auch immer mehr Rufe nach strengeren Regeln laut. Stellvertretend für unzählige Artikel dieser Art ist ein Essay von Philipp Bovermann, das im Mai 2022 in der *Süddeutschen Zeitung* erschienen ist. Darin zweifelt er die Heilsversprechen eines dezentralen, überkomplexen, auf Code anstatt Gesetzen basierten Bankensystems an, das letztlich in einem Kaskadeneffekt den gesamten Finanzmarkt mit sich reißen könnte. Wenige Tage nach Erscheinen des Essays bewahrheitete sich seine Prognose, wenn auch in kleinerem Ausmaß: Der Kollaps riskanter Projekte wie Terra-Luna oder Celsius führte zu Kettenreaktionen innerhalb der Kryptobranche, bei der auch Bitcoin auf unter 20 000 US-Dollar rauschte.

Bitcoin-Fans sowie Krypto-Skeptiker fühlten sich bei diesem Crash bestätigt, hatten sie doch vor riskanten, selbst für Experten schwer zu durchschauenden Investments gewarnt, bei denen vorrangig die Gründer, nicht aber die breite Masse an Investoren Geld machten. Medien brachten vor allem während der regelmäßig wiederkehrenden Hype-Wellen verrückte Geschichten von Teenagern, die dank Bitcoin oder anderen Kryptowährungen über Nacht reich wurden. Vielen riechen Kryptowährungen aber zu sehr nach komplexen Schneeballsystemen. Das »Fear of Missing Out«, also die Angst etwas zu verpassen, ist allgegenwärtig. Die politischen Institutionen, dieselben mächtigen Banken, dieselben korrupten Politiker, gegen die Bitcoin angetreten war, wollten nun auch ein Stück des Kuchens. Wie bei der Vereinnahmung jeder Subkultur kann es nicht mehr als Protest gegen das »System« bezeichnet werden, wenn es das System ist. Es gibt nichts, was der Technologie innewohnt und sie resistent gegen die Assimilierung durch die herrschende Finanzordnung macht. Es gibt auch nichts, was der Technologie innewohnt und garantiert, dass die neue Elite, die durch Kryptowährungen entsteht, wohlwollendere Eliten sind als die, die wir jetzt haben. Die jährlich von *Forbes* veröffentlichte *World's Billionaires List* zählte im März 2021 bereits zwölf Krypto-Milliardäre in ihren Reihen.

Ein gängiger Kritikpunkt neben dem Energieverbrauch ist die Vermögenskonzentration, die bei Bitcoin und anderen Kryptowährungen beachtlich ist. Nur 2 Prozent der Bitcoin-Adressen halten rund 95 Prozent der im Umlauf befindlichen Bitcoins. Freilich zählen dazu auch Börsen, die Bitcoins im Namen ihrer Kunden halten. Der linke Ökonom und frühere griechische Finanzminister Yanis Varoufakis sieht mit Bitcoin nicht das von dessen Fans erhoffte fairere, bessere Finanzsystem heraufziehen, sondern eine Art Techno-Feudalismus. Für Varoufakis sind Vermögenswerte an sich weder feudalistisch noch kapitalistisch. Ob Gold, Gurken oder Bitcoin – Vermögenswerte sind Vermögenswerte. Was einen Vermögenswert laut Varoufakis feudal, kapitalistisch oder sozialistisch mache, ist die Art und Weise, wie dieser mit sozialen Produktionsverhältnissen einer Gesellschaft interagiere. In einem Interview mit der Plattform *The Crypto Syllabus* (2022) sagte Varoufakis:

> Als ich die frühen Bitcoin-Anhänger als Krypto-Aristokratie, als Krypto-Lords bezeichnete, wollte ich damit sagen, dass wenn ein Vermögenswert wie Bitcoin (dessen Tausch-

> wert auf künstlicher Knappheit beruht) in ein oligarchisches Ausbeutungssystem (Kapitalismus, Kleptokratie, Techno-Feudalismus usw.) eingebettet wird, er den grundlegenden Charakter der (vorkapitalistischen) Feudalordnung erhält: Eine kleine Minderheit ist ermächtigt, Renten im Verhältnis zu den Teilen des Vermögens zu kassieren, mit denen sie begonnen hat. Zusammenfassend lässt sich sagen, dass Bitcoin per se weder feudalistisch noch kapitalistisch ist. Er ist einfach oligarchisch.

Aus Bitcoin und den Kryptowährungen, die in den Jahren danach folgten, ging eine milliardenschwere Industrie hervor. Wie bei einem Goldrausch wurden aber nur wenige reich. Allen voran jene, die die Schaufeln an Glücksritter verkauften. Wer früher einstieg, hatte bessere Karten, zu den Gewinnern zu gehören. Hobbyisten professionalisierten sich zunehmend, Betrugsfälle und unseriöse Unternehmen nagten zwar am Image, letztlich entdeckte aber sogar die Wall Street das Thema. Genau jene Aushängeschilder der Finanzindustrie, die Nakamoto mit Bitcoin eigentlich entmachten wollte.

Die Wall Street entdeckt Bitcoin

Als Tesla im Februar 2021 verkündete, 1,5 Milliarden US-Dollar in Bitcoin investiert zu haben, hielten das viele zunächst für einen sehr verfrühten Aprilscherz. Doch es stimmte. Der US-Elektroautohersteller befeuerte eine erneute Hype-Welle, die den Wert eines Bitcoins über die 2017 erreichten rund 20 000 US-Dollar hinaus auf fast 69 000 US-Dollar katapultierte. Doch schon davor zeichnete sich ab, dass die Wall Street, das

Silicon Valley und andere finanzstarke Player aus der Alten Welt des Finanzkapitalismus mitmischen wollten. Und auch jene, die es bisher als Modeerscheinung abgetan hatten, begannen Bitcoin ernst zu nehmen.

Für Aufsehen sorgten einige der bekanntesten Namen in der Finanzindustrie, die Bitcoin im Jahr 2022 eine Art Ritterschlag erteilten. Fidelity, einer der weltweit größten Finanzverwalter, veröffentlichte etwa eine Analyse mit dem Titel *Bitcoin First.* Diese kommt zum Schluss, dass Bitcoin nicht als überlegene Zahlungstechnologie, sondern als monetäres Gut einzigartig sei. Anleger sollten daher Bitcoin als eigene Assetklasse betrachten, abseits von anderen Kryptowährungen.

Der umstrittene Investmentkoloss BlackRock schlug im August 2022 in dieselbe Kerbe, als bekannt wurde, dass er mit der weltweit größten Kryptobörse Coinbase kooperiert, um Großanlegern Zugang zu Bitcoin zu gewähren. In einer Pressemitteilung hieß es: »Bitcoin ist das älteste, größte und liquideste Krypto-Asset. Es liegt derzeit im Fokus des Interesses unserer Klienten.«

Doch nicht alle sind mit den Giganten der Finanzbranche, die letztlich nach neuen Wegen suchen, um Geld zu verdienen, einer Meinung. Eine Rundschau, wer was zu Bitcoin zu sagen hat(te) – und wessen Ansichten sich zuweilen um 180 Grad gedreht haben –, fördert Erstaunliches zutage: Der Autor Nassim Nicholas Taleb wurde etwa vom Bitcoin-Befürworter (»Für eine Währung ist sie noch zu unbeständig. Aber sie ist die erste organische Währung«) zum erbitterten Gegner (»Bitcoin ist exakt null wert«). Die Investoren-Legende Ray Dalio bemängelte 2017 noch den spekulativen Charakter und tat Bitcoin als volatile Blase ab, zeigte sich fünf Jahre später aber fasziniert von dessen Resilienz (»In einer Zeit, in der der Bedarf

Die Bitcoin-Geschichte

2007 | Satoshi Nakamoto beginnt vermutlich mit der Arbeit an Bitcoin

2008 | Nakamoto veröffentlicht das Bitcoin-Whitepaper

Ende 2013 | 1 Bitcoin ist erstmals über 1 000 $ wert

Anfang 2014 | Mt.Gox geht bankrott

Ende 2014 | US-Behörde: Bitcoin ist ein Rohstoff

2015 | Europäischer Gerichtshof: Bitcoin-Tausch soll steuerfrei sein

2016 | Japan erkennt Bitcoin als Zahlungsmittel an

Anfang 2017 | Der Wert eines Bitcoins übersteigt erstmals den einer Feinunze Gold

Mitte 2020 | Frankfurter Börse listet Bitcoin-Finanzprodukte

Ende 2020 | PayPal ermöglicht Handel mit Bitcoin

Anfang 2021 | Börsennotierte Unternehmen wie Tesla oder MicroStrategy kaufen Bitcoin

Ende 2021 | El Salvador führt Bitcoin neben dem US-Dollar als gesetzliches Zahlungsmittel ein

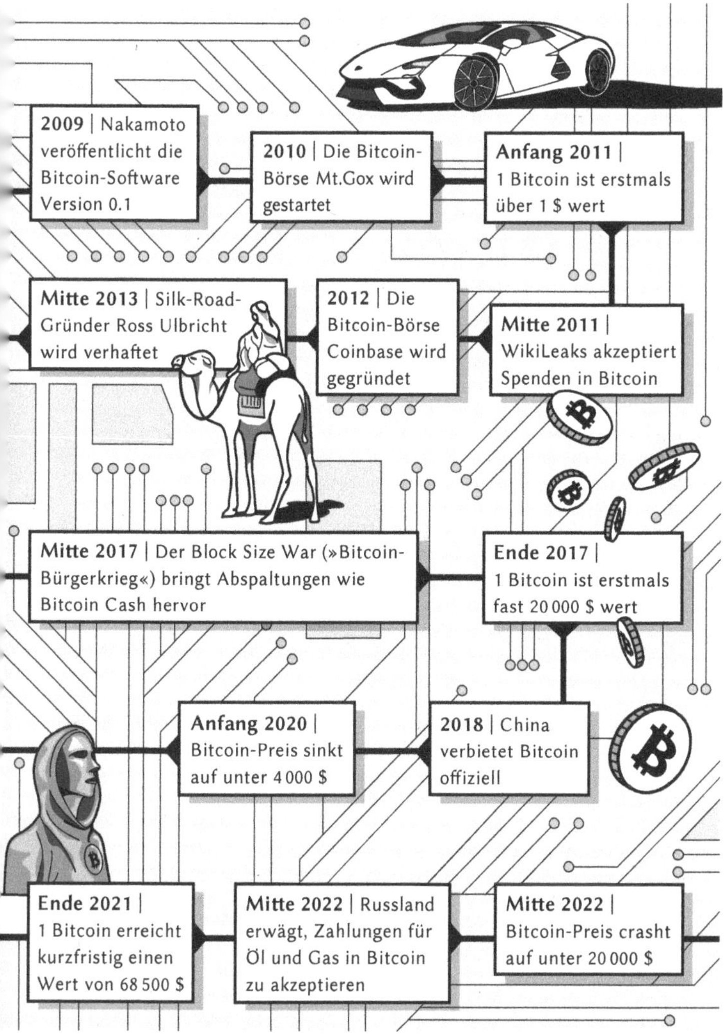
2009 | Nakamoto veröffentlicht die Bitcoin-Software Version 0.1
2010 | Die Bitcoin-Börse Mt.Gox wird gestartet
Anfang 2011 | 1 Bitcoin ist erstmals über 1 $ wert
Mitte 2011 | WikiLeaks akzeptiert Spenden in Bitcoin
2012 | Die Bitcoin-Börse Coinbase wird gegründet
Mitte 2013 | Silk-Road-Gründer Ross Ulbricht wird verhaftet
Mitte 2017 | Der Block Size War (»Bitcoin-Bürgerkrieg«) bringt Abspaltungen wie Bitcoin Cash hervor
Ende 2017 | 1 Bitcoin ist erstmals fast 20 000 $ wert
2018 | China verbietet Bitcoin offiziell
Anfang 2020 | Bitcoin-Preis sinkt auf unter 4 000 $
Ende 2021 | 1 Bitcoin erreicht kurzfristig einen Wert von 68 500 $
Mitte 2022 | Russland erwägt, Zahlungen für Öl und Gas in Bitcoin zu akzeptieren
Mitte 2022 | Bitcoin-Preis crasht auf unter 20 000 $

an goldähnlichen Anlagen steigt, gibt es nicht viele Alternativen«). Der ehemalige Google-Chef Eric Schmidt bezeichnete Bitcoin als »bemerkenswerte kryptographische Errungenschaft«. Donald Trump hielt Bitcoin für »eine gefährliche Sache«, und auch Hillary Clinton warnte davor, dass Kryptowährungen »ganze Nationen destabilisieren« könnten. EZB-Chefin Christine Lagarde sagte 2017, dass es nicht schlau sei, Bitcoin als Spielerei abzutun, nur um Bitcoin 2021 als »hochspekulativen Vermögenswert, der seltsame Geschäfte erlaubt« zu klassifizieren. Barack Obama kam dagegen zum Schluss: »Bitcoin ist wie ein Schweizer Bankkonto in der Hosentasche.«

Bitcoin ist im journalistischen, akademischen und politischen Diskurs also ein heißes Eisen. Einzugestehen, dass Bitcoin in Zukunft eine wichtige Rolle spielen könnte, kommt aber nach wie vor einem Karriererisiko gleich. Was, wenn es doch kollabiert? Was, wenn Regierungen es verbieten? Was, wenn der Energieverbrauch immer weiter steigt? Ähnlich wie beim Aufkommen des elektrischen Stroms, des Radios oder des Internets sind die meisten vor allem eines: skeptisch. Und Skepsis ist durchaus angebracht. Doch auch wenn Bitcoin scheitern sollte: Für Zentralbanken und das staatliche Geldmonopol ist es eine Büchse der Pandora. Und seit diese von Satoshi Nakamoto 2009 geöffnet wurde, gibt es kein Zurück. Heute hat mit El Salvador nicht nur der erste Staat Bitcoin als offizielle Währung neben dem US-Dollar eingeführt, selbst Gary Gensler, Chef der US-Börsenaufsicht, ließ sich 2021 zum bemerkenswerten Kommentar »Nakamotos Innovation ist real« hinreißen. Das zeigt: Bitcoin ist trotz aller Unkenrufe gekommen, um zu bleiben.

Zwischen Utopie und Realität

Der König ist tot, es lebe der König

Bitcoin wurde bereits hunderte Male für tot erklärt. Die Webseite bitcoinisdead.org führt minutiös über jeden dieser vermeintlichen Nachrufe Buch. Ein gängiges Thema: Es handle sich um eine völlig irrationale Spekulationsblase, ähnlich der Tulpenmanie, bei der in den Niederlanden des 17. Jahrhunderts gierige Menschen ihr Hab und Gut auf ebenso hübsch anzusehende wie volatile Tulpenzwiebeln verwetteten. Die Tulpenmanie gilt als die erste gut dokumentierte Spekulationsblase, jüngere Forschungen lassen aber vermuten, dass es sich um ein eher unbedeutendes Ereignis gehandelt haben dürfte. Aufgrund ihrer Absurdität wird die Episode aber bis heute als Beispiel für überbordende Gier herangezogen. Jene, die auf die (durchaus vorhandene) Irrationalität vieler Bitcoin- und Krypto-Investoren aufmerksam machen wollen, verwenden Bitcoin und Tulpen nach wie vor synonym. Sage und schreibe über 385-mal (Stand September 2022) hat die erste Kryptowährung demnach laut der nicht ganz ernst gemeinten Webseite bitcoinisdead.org schon das Zeitliche gesegnet. Da stellt sich die Frage: Warum wird Bitcoin ständig der Tod bescheinigt, und warum ist es immer noch da?

Einer der ersten dieser Nachrufe erschien am 15. November 2011 in *Wired*. In »The Rise and Fall of Bitcoin« gibt der Journalist Benjamin Wallace einen sehr lesenswerten und spannenden Einblick in die Frühgeschichte der damals noch jungen Kryptowährung. Nachdem der Preis von astronomischen 29,57 auf 2,33 US-Dollar heruntergerauscht war, sah Wallace nicht viel Hoffnung:

> Die zugrunde liegenden Schwachstellen, die zu den Problemen von Bitcoin geführt haben – die Abhängigkeit von unregulierten, zentralisierten Börsen und Online-Wallets – bestehen weiterhin. In der Tat konzentriert sich der Großteil des Minings auf eine Handvoll riesiger Mining-Pools, die theoretisch das gesamte Netzwerk kapern könnten, wenn sie zusammenarbeiten.

Dieses Muster begleitete die Berichterstattung zu Bitcoin: Schoss der Preis in die Höhe, wurden Hypes durch Medien noch weiter angefeuert. Brach der Preis ein, lagen vernichtende Nachrufe bereit. Zusätzlich gab es Geschichten, in denen neureiche Early Adopter darüber erzählten, wie clever sie doch wären. Kamen Experten zu Wort, wird in der Regel kein gutes Haar an Bitcoin gelassen. Nobelpreisträger Paul Krugman schrieb bereits 2013 einen Artikel in der *New York Times* mit dem vielsagenden Titel »Bitcoin ist böse«. Seine Meinung hat sich seither nicht verändert. Krugman und andere sehen das Problem hinter Bitcoin als Geld vor allem darin, dass es grundlegende ökonomische Theorien und Erkenntnisse aus der Geldgeschichte für nichtig erklärt. Diese würden ersetzt werden durch eine radikale Geldtheorie, die das Individuum über alles stelle. Während die Bitcoin-Community sich auf die Geldmenge versteife, würden sich Ökonomen aus gutem Grund nur sehr peripher mit der Thematik beschäftigen. Globales Wirtschaftswachstum brauche schließlich elastische Währungen, deren Geldmenge sich durch politische Eingriffe verändern ließe, so der wissenschaftliche und geldpolitische Tenor.

Eine der fundiertesten Kritiken an allem rund um Bitcoin liefert der australisch-britische Autor David Gerard in seinem polemischen Buch *Attack of the 50 Foot Blockchain*:

> Als ein Finanzinstrument, das ohne Regulierung geboren wurde, wurde Bitcoin schnell zu einer iterativen Erkundung, warum es überhaupt Finanzregulierung gibt. Ein »vertrauensloses« System zieht die Art von Menschen an, denen man einfach nicht trauen kann.

Betrugsvorwürfe und gegenseitiges Vorhalten von technischen Unzulänglichkeiten sind an der Tagesordnung in der Branche. Am ehesten lässt sich das Verhalten mit jenem von Fußball-Ultras vergleichen: Das eigene Team macht alles richtig, während bei den anderen jede Kleinigkeit als Beleg für deren völliges Versagen gesehen wird. »Bitcoin-Maximalismus« heißt das dann im Falle von Bitcoin. Der beliebte Satz »There's Bitcoin and there's Shitcoin« fasst dieses Mindset gut zusammen. Aber nicht nur Bitcoin-Fans werfen anderen Kryptowährungen vor, Betrug zu sein. Auch Bitcoin selbst wird immer wieder als Schneeballsystem oder Ponzi-Schema, also ein System, bei dem Gewinne nur durch Einzahlungen neuer Kunden möglich sind, definiert. Im linken *Jacobin Magazine* wurde mit

Kryptowährungen als Ganzes im Januar 2022 etwa folgendermaßen abgerechnet:

> Wir könnten sie als ein zum Scheitern verurteiltes Experiment der »Greater Fool«-Theorie abtun, bei der Investoren versuchen, von überbewerteten oder sogar wertlosen Vermögenswerten zu profitieren, indem sie sie an den nächsten Dummkopf weiterverkaufen – stellen Sie sich das wie ein Glücksspiel mit hohem Einsatz vor –, wenn der steigende Preis von Bitcoin und anderen Kryptowährungen einfach eine Funktion der Nachfrage wäre. Das ist aber nicht der Fall. Preismanipulationen spielen eine ebenso große oder größere Rolle für den Preisanstieg als die Nachfrage.

Kurz: Kryptowährungen seien eine sinnlose Verschwendung von Ressourcen, ein Schneeballsystem, bei dem nicht echte Nachfrage, sondern Preismanipulation durch besonders einflussreiche Player den Ton angibt. Im Fokus der Kritik steht häufig der Stablecoin Tether, eine Kryptowährung, die anders als Bitcoin nicht im Preis schwankt, sondern den Kurs des US-Dollars nachbildet. Kritiker werfen Kryptobörsen vor, mit Tether unter einer Decke zu stecken, gemeinsam den Preis von Bitcoin bei Bedarf hochzupumpen und systematisch Kontrollen und Regulierungen aus dem Weg zu gehen – etwa indem sich der Unternehmenssitz praktischerweise in einer karibischen Steueroase befindet. Der Kollaps Tethers würde aber ohnehin kurz bevorstehen und in seiner Tragweite höhere Wellen schlagen als 2014 die Implosion der damals größten Bitcoin-Börse Mt.Gox. Wie die Geschichte rund um Tether enden wird, steht noch in den Sternen.

Tatsächlich treiben seit Bitcoins frühesten Tagen höchst

zwielichtige Gestalten ihr Unwesen, denen es primär ums schnelle Geld geht – ganz egal, ob dabei andere zu Schaden kommen. Die Betrügereien, auch »Scams« genannt, fangen mit simplen (aber oft wirksamen) Tricks wie »Schicke mir x Coins und ich schicke dir die doppelte Menge zurück«, bei denen natürlich nie etwas zurückkommt, an. Sie gehen weiter über Bitcoin-Börsen, die ähnlich aussehen wie echte Börsen, die aber letztlich nur darauf ausgelegt waren, mit dem Geld der Kunden zu verschwinden. Und enden bei Das-ist-zu-gut-um-wahr-zu-sein-Pyramidenspielen und hochgradig betrügerisch-kriminellen Organisationen wie BitConnect oder OneCoin.

Laut dem Anarchokapitalisten und Publizisten Jeffrey Tucker sei die Bitcoin-Community besessen davon, sich selbst zu kontrollieren: Einige Leute würden so weit gehen, zu behaupten, dass jeder ›Altcoin‹ verdächtig sein sollte, und auch jeder Dienst, der behauptet, die Bitcoin-Kerninfrastruktur zu verbessern, sollte vermieden werden. Tucker fragte sich in einem Blogbeitrag aus dem Jahr 2015 mit dem Titel »A Theory of the Scam«, warum Betrüger so sehr von Bitcoin angezogen werden:

> Die Antwort ist eigentlich sehr schmeichelhaft. Betrüger sind die bösen Cousins von echten Unternehmern. Sie halten Ausschau nach neuen Möglichkeiten. Sie fühlen sich von Dingen angezogen, die bei cleveren Leuten beliebt sind. Wo es eine Gelegenheit und die Aussicht auf hohe Gewinne gibt, gibt es auch Betrüger. Ihr Interesse an Bitcoin ist ein positives Zeichen. Ich würde mir mehr Sorgen um diesen Markt machen, wenn die Betrüger nicht daran interessiert wären.

Ein ähnliches Phänomen zeigte sich für Tucker beim Siegeszug der Eisenbahn:

> Zwischen 1870 und 1900, als die Branche boomte und die Art und Weise, wie wir reisen und leben, veränderte, gab es unzählige Fälle von Aktienbetrug, Pump-and-Dump, Ponzi-Geschäften, öffentlich-privater Korruption und offenem Betrug, die in Tragödien endeten. Diese Fälle füllten Tag für Tag die Schlagzeilen. Sie erregten massive öffentliche Aufmerksamkeit und Verurteilung. [...] Doch wenn wir zurückblicken, sind es nicht die Betrügereien, die die Innovation der Eisenbahn wirklich nachhaltig geprägt haben. Es war die Art und Weise, wie die Eisenbahn unser Leben veränderte und den Lebensstandard für alle enorm erhöhte. Die Eisenbahn leitete die moderne Welt ein, wie wir sie kennen.

Die beste Verteidigung gegen Scams, so Tucker, sei es, ihre Methoden zu kennen und immer mit einer gesunden Portion Paranoia an die Sache heranzugehen. Ein sehr schlauer und wichtiger Tipp.

Aber nicht nur Betrügereien sind es, die Kritik auf den Plan rufen, auch die vermeintliche Attraktivität für allerlei Illegales ist ein beliebtes Ziel. Im Oktober 2019 publizierte das deutsche Bundesministerium für Finanzen eine Risikoanalyse, kam allerdings zum Schluss:

> Zum einen sind Kryptowerte mit großen Wertschwankungen verbunden, zum anderen ermöglichen einfachere anonyme Zahlungsmittel (etwa in erster Linie Bargeld) vielfach das Waschen von Geldern mit wesentlich geringerem Aufwand. Die Geldwäschebedrohung für Deutschland wird vor diesem Hintergrund aktuell mit mittel-niedrig bewertet. [...] Das Risiko der Nutzung von Kryptowerten für die Terrorismusfinanzierung wird derzeit als niedrig eingestuft.

Zur Einordnung: Chainalysis, ein Blockchain-Überwachungsunternehmen, das eng mit großen Kryptobörsen und staatlichen Behörden zusammenarbeitet, bemaß den Anteil illegaler Transaktionen, also etwa im Zusammenhang Drogenhandel oder Geldwäsche, im Bitcoin-Netzwerk Mitte 2022 auf lediglich 0,03 Prozent.

Bitcoin kommt trotz aller Skandale, Krisen und interner Konflikte wie ein Jo-Jo zurück. Nach dem Platzen größerer Spekulationsblasen wie etwa Anfang 2018 oder Mitte 2022 herrscht jeweils Katerstimmung. Das Bitcoin-Netzwerk selbst zeigt sich davon aber seit jeher unbeeindruckt. Was Bitcoin nicht tötet, macht es nur stärker, so scheint es. Je länger Bitcoin überlebt, desto wahrscheinlicher wird es, dass es dies auch weiterhin tun wird. Dieser »Lindy Effekt« wurde von Nassim Nicholas Taleb in seinem 2012 erschienen Buch *Antifragile* wie folgt beschrieben:

> Wenn ein Buch vierzig Jahre lang gedruckt wurde, kann ich davon ausgehen, dass es weitere vierzig Jahre lang gedruckt wird. Aber, und das ist der Hauptunterschied, wenn es ein weiteres Jahrzehnt überlebt, dann wird es voraussichtlich noch fünfzig Jahre lang gedruckt werden. Daran erkennt man in der Regel, warum Dinge, die es schon lange gibt, nicht wie Personen »altern«, sondern in umgekehrter Richtung »altern«. Jedes Jahr, das ohne Aussterben vergeht, verdoppelt die zusätzliche Lebenserwartung. Dies ist ein Indikator für eine gewisse Robustheit. Die Robustheit eines Gegenstands ist proportional zu seiner Lebensdauer.

Bitcoins Timing hätte kaum besser sein können: Seit der weltweiten Finanzkrise 2008 zeichnete sich ein zunehmender Vertrauensverlust in Politik und Institutionen ab. Plötzlich begannen sich Laien für bis dahin als staubtrocken wahrgenommene Themen wie Inflation und Geldmenge zu interessieren (ein Trend, der später im Zuge der Coronapandemie eine ganz neue Dynamik gewann). Die intransparente Finanzindustrie und deren seltsame Begrifflichkeiten wie AAA-Rating, Derivate oder Swaps standen plötzlich im Rampenlicht. Die Erkenntnis, auf die sich Beobachter jeglicher politischer Couleur einigen konnten: Hier blickt niemand mehr durch, schon gar nicht orthodoxe Ökonomen, die derartige Krisen ja irgendwie hätten kommen sehen sollen.

»Volkswirtschaft ist der einzige Bereich, in dem zwei Personen den Nobelpreis dafür erhalten, dass sie genau das Gegenteil sagen.« Dieser Witz bringt es für viele Bitcoin-Fans auf den Punkt: Anstatt genauer Aussagen gibt es Prognosen und ungefähre Annahmen. Die *Frankfurter Allgemeine Zeitung* fragte 2007 in einem Artikel: »Warum sind Ökonomen so selten einer Meinung?«, und meinte: »Anders als in den Naturwissenschaften kann man ja eine Volkswirtschaft nicht einfach in ein Reagenzglas stecken und damit herumexperimentieren.«

Der später bei der Bitcoin-Community in Ungnade gefallene Roger »Bitcoin Jesus« Ver hat über seine Beweggründe einmal gesagt: »Am Anfang haben fast alle, die sich beteiligt haben, dies aus philosophischen Gründen getan. Wir sahen Bitcoin als eine großartige Idee, als eine Möglichkeit, Geld vom Staat zu trennen«. Vers Aussage illustriert, dass Bitcoin nicht nur Software, sondern stets auch politische Bewegung oder gar eine Art Glaubensbekenntnis war. Christoph Bergmann veröffentlichte dazu auf seinem im deutschen Sprachraum beliebten Blog *bitcoinblog.de* 2022 einen spannenden Artikel mit dem Titel: »Bitcoin ist ein Kult? Oh ja, unbedingt und bitte sehr!« Darin argumentiert er, dass die Kritik, wonach es sich bei Bitcoin um einen Kult handle, keine Schwäche, sondern eine Stärke sei. Er schreibt:

> Denn die eine, elementare Tatsache, die alle Revolutionen und Konterrevolutionen, ja, alle historisch bedeutsamen Entwicklungen und alle bleibenden Vermächtnisse, alle Staaten und Religionen und Errungenschaften verbindet, ist diese: Sie müssen eine Bewegung sein.

Was macht sie aus und was verbindet diese Bewegung also? Einige der wichtigsten Elemente wurden in den vorherigen Kapiteln bereits beleuchtet: ein mehr oder weniger stark ausgeprägtes Misstrauen in den Staat, seine Institutionen und eine nostalgische Sicht auf ›hartes‹ Geld unter einer Art neuem Goldstandard. Der Bitcoin-Kritiker David Gerard schreibt dazu in seinem Buch *Attack of the 50 Foot Blockchain* (2017):

> Die Wurzeln der Bitcoin-Ideologie reichen von Libertarismus über Anarchokapitalismus und die österreichische Ökonomie bis hin zu Verschwörungstheorien der John Birch Society und Eustace Mullins über das Ende der US-Notenbank und der »etablierten Eliten«.

Für Gerard lässt sich Bitcoins Design und die zugrundeliegende Ideologie nur vor dem Hintergrund seiner »cyberlibertären« Wurzeln verstehen. »Libertarismus ist eine einfache

Idee: Freiheit ist gut und der Staat ist schlecht«, so Gerard. Und weiter:

> Die amerikanische rechte Variante beginnt bei ganz normalen Menschen, die weniger Bürokratie sowie Regulierung wollen und niedrige Steuern für wichtiger halten als Sozialausgaben. Die ernsthaft Ideologischen gehen etwas weiter – z. B. Anarchokapitalismus, der Glaube an die Vorherrschaft der Eigentumsrechte und die vollständige Abschaffung des Staates.

Das Entreißen des Geldmonopols aus den Händen des Staates gilt für viele Bitcoin-Fans als vages Wundermittel gegen Korruption, Kriege, totalitäre Zentralplanung, Inflation und sonst alles, was in Politik und Gesellschaft ihrer Meinung nach falsch läuft. Bitcoin-Befürworter sehen vor allem in der Geldpolitik der US-Zentralbank seit der Finanzkrise 2008 ein typisches Beispiel für das, was auch als »Cantillon-Effekt« bezeichnet wird: Banken, Politiker und Wohlhabende profitierten von »billigem Geld«, während das Geld die Realwirtschaft erst sehr viel später und bestimmte Sektoren gar nicht erreiche. Eine exzessive Kreditvergabe, die heute vorwiegend durch die private Schöpfung von Giralgeld erfolgt, trägt dazu bei, dass nur die Kreditnehmenden aus der Geldschöpfung Nutzen ziehen. Das Giralgeld, oder auch Buchgeld, ist Geld, das nur digital in den Datenbanken von Banken existiert und vorwiegend durch die Vergabe von Krediten entsteht. Einkommensschwache Schichten sind jedoch nicht in der Lage, günstige Kredite zu erlangen. Daher vergrößert eine großzügige Kreditvergabe die Einkommensungleichheit.

Bitcoin soll dem ein Ende bereiten, es soll eine neue Art des

Geldes sein. ›Hartes‹ Geld. Ein Geld, das über 100 Jahre lang seinen Wert behält, ja das sogar im Wert steigt und nicht konstant an Wert verliert. Also die Antithese zum inflationären US-Dollar, zum Euro und sonstigem Fiatgeld. Den lateinischen Ausdruck *fiat lux* kennt man eigentlich aus der biblischen Schöpfungsgeschichte, und er bedeutet so viel wie: »Es werde Licht«. Das Gedankenbild meint im übertragenen Sinne: So wie Gott Licht erschaffen hat, so erschaffen Zentralbanken gemeinsam mit Geschäftsbanken heute Geld. Das Problem dabei war und ist, dass bei diesem Modell Herrschende stets der Verlockung widerstehen müssten, mit ›billigem Geld‹ allerhand kostspielige Unterfangen zu finanzieren – so die gängige Kritik. Im Römischen Reich wurden der Gold- und Silbergehalt von Münzen beispielsweise sukzessive reduziert und das ›gute Geld‹, das höhere Gold- oder Silber-Anteile enthielt, wurde von der Bevölkerung zusehends gehortet. Als die Preise explodierten, führte der römische Kaiser Diokletian im 3. Jahrhundert Preiskontrollen ein, die bis heute kontrovers diskutiert werden und von dem Historiker David Potter als »Akt des ökonomischen Wahnsinns« eingestuft wurde.

Heutige Währungen können dieses Problem nicht haben, weil sie nicht auf Sachwerten wie Gold basieren, sondern auf purem Vertrauen. Als Nakamoto Bitcoin veröffentlichte, identifizierte er genau diesen Punkt als zentral:

> Das Hauptproblem bei konventionellen Währungen ist das Vertrauen, das erforderlich ist, damit sie funktionieren. Man muss der Zentralbank vertrauen, dass sie die Währung nicht entwertet, aber die Geschichte der Fiatwährungen ist voll von Verstößen gegen dieses Vertrauen. Man muss den Banken vertrauen, dass sie unser Geld aufbewahren und

elektronisch überweisen, aber sie verleihen es in Wellen von Kreditblasen, ohne auch nur einen Bruchteil davon als Reserve zu haben.

Bitcoin-Fans sehnen sich also im Grunde in eine Zeit zurück, als es noch den Goldstandard gab und die Währungen der Welt mit Goldbeständen gedeckt waren. So neu wäre die Idee von ›hartem‹ Geld also gar nicht, denn es würde eine Rückkehr zu einem Währungssystem bedeuten, das mit dem Beginn des Ersten Weltkrieges und der Aufhebung des Goldstandard sendete. Ein Geldschein unter einem Goldstandard ist im Grunde ein Schuldschein der jeweiligen Zentralbank, nach dem Motto: »Für x Scheine bekomme ich bei der Bank y Gold«. Als 1914 in Europa ›billiges‹ Geld für den Ersten Weltkrieg gedruckt werden musste und eine Bindung an Gold nicht mehr sinnvoll erschien, endete der Goldstandard. Die Folge war nicht nur ein vier Jahre dauernder Stellungskrieg mit Millionen Toten und bisher nie dagewesener technologischer Entwicklung (1914 ritten Soldaten noch mit Pferden auf das Schlachtfeld, 1918 wurde mit Panzern und Flugzeugen gekämpft). Durch die Abschaffung des Goldstandards folgte in vielen Ländern Inflation, in Deutschland und Österreich sogar Hyperinflation, also eine Teuerungsrate von monatlich über 50 Prozent. Im Alltag der Menschen bedeutet eine derart hohe Inflation, dass beispielweise Speisekarten in Restaurants täglich mehrmals angepasst werden müssen und dass der Lohn, unmittelbar nachdem man ihn erhalten hat, einige Prozent an Kaufkraft einbüßt. In der Endphase einer derartigen Hyperinflation kommt es schließlich zur vollständigen Geldentwertung. Übrig bleibt nur der intrinsische Wert, Geldscheine taugen dann immerhin noch als Heizmaterial. Dieses traumatische

Erlebnis und die Große Depression der 1930er Jahre war ein wichtiger Faktor für den Aufstieg extremer politischer Strömungen und den Erfolg von Demagogen wie Hitler, Franco oder Mussolini.

Gegen Ende des Zweiten Weltkrieges einigten sich 1944 die Siegermächte im US-amerikanischen Ort Bretton Woods auf ein neues Geldsystem. Die Ära Bretton Woods war eine spezielle Variante eines Goldstandards, bei dem der US-Dollar an Gold gebunden wurde und sich alle anderen Währungen wiederum am US-Dollar orientierten. Als der damalige US-Präsident Richard Nixon 1971 dieses Geldsystem auflöste, war das immer noch währende Petrodollar-Regime die Folge.

Die von Friedrich August von Hayek erträumte Trennung von Geld und Staat ermöglicht aus Sicht seiner Befürworter dagegen nur Bitcoin. Und es bietet vor allem auch eines: einfache Antworten auf schwierige Fragen.

Bitcoin als Rettungsanker

Wer die beiden Wörter »Chicken Venezuela« googelt, stößt auf Bilder, die um die Welt gingen. Zu sehen sind verschiedene Lebensmittel und dahinter aufgetürmt Stapel von Geldscheinen. Als die Fotos gemacht wurden, mussten Menschen in Venezuela 14,6 Millionen der Landeswährung Bolívar hinblättern, um ein Huhn zu kaufen. Die für die Transaktionen nötigen Geldstapel waren um ein Vielfaches größer als das Hühnchen selbst. Noch eindrucksvoller ist aber ein Foto, das das Größenverhältnis zwischen 2,6 Millionen Bolívar und einer Rolle Toilettenpapier zeigt. Das Geld, das für eine Rolle nötig war, hatte in etwa die vierfache Größe der Rolle selbst. Wenig überraschend gingen Menschen dazu über, Banknoten als Toilettenpapier zu verwenden. Es sind Beispiele wie diese, die zeigen, zu welch sonderbaren Entwicklungen eine Hyperinflation führen kann. Für die betroffenen Menschen ist das in hohem Maße traumatisch. Venezuela ist dabei nur eines von vielen Beispielen, wie korrupte und schlecht verwaltete Volkswirtschaften und die damit verknüpften staatlichen Währungen untergehen können. Aufgrund überbordend strenger Kapitalverkehrskontrollen waren venezolanische Banken nicht an das internationale Finanzsystem angeschlossen. Bitcoin kann in dieser Situation ein möglicher Ausweg sein, um weltweit Wert zu transferieren. Das kann nützlich sein, wenn jemand im Ausland arbeitet und die daheim gebliebene Familie oder Freunde finanziell unterstützen möchte. Peer-to-Peer-Börsen wie etwa LocalBitcoins oder Paxful spielen dabei eine wichtige Rolle. Ein volatiler Bitcoin ist hier drastisch an Wert verlierenden lokalen Währungen oft vorzuziehen. Das Tech-Magazin *Wired* schrieb in einer Reportage: »Bitcoin-Besitzer haben etwas, was die meisten Menschen nicht haben: eine Währung, die etwas wert ist.«

Als zensurresistentes Geld spielte Bitcoin zum ersten Mal 2011 eine Rolle. Damals griff die von Julian Assange gegründete Whistleblower-Plattform WikiLeaks auf Bitcoin-Spenden zurück, da sie von Kreditkartenfirmen und PayPal durch politischen Druck ausgeschlossen wurden. Zwei Jahre später begann die afghanische Unternehmerin Roya Mahboob damit, afghanischen Frauen Bitcoin näherzubringen und ihnen damit einen Ausweg aus einer patriarchalen Gesellschaft zu zeigen, in der es Frauen oft verboten wird, ein Bankkonto zu haben. In Palästina, Nigeria, im Senegal oder in Venezuela spielt Bitcoin seit Jahren eine Rolle als Werkzeug, um willkürlicher Gesetzgebung, kaputten lokalen Währungen und finanzieller Repression zu entkommen.

Lediglich 13 Prozent der Weltbevölkerung werden in liberalen Demokratien mit fortschrittlichen Eigentumsrechten, freier Meinungsäußerung, einem funktionierenden Rechtssystem und stabilen Währungen geboren. 53 Prozent der Menschheit (etwa 4,3 Milliarden Menschen) wachsen in Staaten auf, die autokratisch regiert werden. Für rund 1,2 Milliarden Menschen gehören zwei- oder gar dreistellige Inflationsraten in Relation zum Vorjahr zum Alltag. Hyperinflation ist eine deutsche und österreichische Urangst aus einer dunklen Vergangenheit. Doch in vielen Ländern der Welt ist sie bittere Realität.

Leider gehören autoritäre Regime und hohe Inflationsraten häufig zusammen. Derartige Regierungen versuchen in der Regel, die Geldströme ihrer Bevölkerungen durch strenge Kapitalverkehrskontrollen zu bändigen. Der Besitz von Gold, US-Dollar oder Euro wird verboten, da Menschen logischerweise lieber diese Vermögenswerte und Währungen halten als kaputte lokale Währungen, die täglich oder gar stündlich weniger Wert haben.

In einer unsicherer werdenden Welt kann der nach wie vor experimentelle Bitcoin mit fest vercodeten Grundregeln wie ein sicherer Hafen wirken. Während Bitcoin in Europa und den USA eher als volatiles Risikoinvestment gesehen wird, ist es in anderen Teilen der Welt das genaue Gegenteil. In Kuba können wegen US-Sanktionen keine Debit- oder Kreditkarten für Online-Zahlungen verwendet werden. Die Bevölkerung wird also vom globalen Finanzsystem ausgeschlossen. Die Menschen können also z. B. kein Spotify-Abo abschließen und keine Internetdomains kaufen. Doch Not macht bekanntlich erfinderisch. Start-ups wie Bitrefill erfreuen sich dort ungeheurer Beliebtheit. Im Grunde handelt es sich dabei um einen Online-Shop für Geschenkgutscheine, die wiederum bei allen möglichen Dienstleistern eingelöst werden können. Als Bezahlung akzeptiert Bitrefill neben Bitcoin eine Reihe anderer Kryptowährungen wie Ether, Tether oder sogar Dogecoin, eine auf Bitcoin basierende Spaßwährung. Ein Code für ein 3-Monats-Abo von Spotify kostet dann nicht 34 US-Dollar, sondern 80 763 Satoshis oder 0,01082 Ether. Dass Bitrefill außer einer E-Mail-Adresse von seinen Kunden nichts wissen will, kommt allen zugute, die unerkannt bleiben wollen.

Im Juni 2021 veröffentlichte Statistiken von Bitrefill zeigen, dass Kubaner viermal so viele kubanische digitale Produkte – etwa Telefonwertkarten des Anbieters Cubacel – kaufen, als US-Produkte. Bitcoin und Kryptowährungen haben sich also rasant unter der kubanischen Bevölkerung verbreitet. So rasant, dass die Kommunistische Partei die kubanische Zentralbank im August 2021 damit beauftragte, die Verwendung von Kryptowährung so zu regulieren, dass es der Regierung dabei helfen könne, US-Sanktionen zu umgehen.

In El Salvador ging die Regierung des Populisten Nayib Bukele noch einen Schritt weiter und führte im September 2021 als erster Staat der Welt Bitcoin als offizielles Zahlungsmittel neben dem US-Dollar ein. Bukele, der sich selbst als technikaffiner Bitcoiner mit umgedrehtem Baseball-Cap und Start-up-Gründer-Mentalität inszenierte, wurde von der Szene entsprechend gefeiert. Er ließ im ganzen Land über 200 Bitcoin-Automaten installieren, mit denen die Bevölkerung Bitcoin erwerben oder auch verkaufen konnte. Als Anreiz, das neue Geld zu testen, wurden jedem Staatsbürger Bitcoin im Wert von 30 US-Dollar geschenkt. Eine stattliche Summe in einem

El Salvadors Präsident Nayib Bukele bei der Ankündigung der »Bitcoin City« im November 2021. Zum englischsprachigen Event kamen Bitcoin-Fans und Journalisten aus der ganzen Welt.

Land, in dem das monatliche Durchschnittseinkommen knapp über 400 US-Dollar beträgt. Das staatliche Bitcoin-Wallet Chivo unterstützte von Anfang an Bitcoins »Lightning Network«, mit dem besonders schnelle und so gut wie gebührenfreie Zahlungen ermöglicht wurden. Viele Bitcoin-Fans pilgerten nach El Salvador, um bei McDonalds mit Bitcoin zu bezahlen. Im Zuge der Bitcoin-Einführung begann Bukele Bitcoins auf Staatskosten zu kaufen. Auf Twitter postete er szenekonform »I bought the dip!«, wenn der Kurs wieder mal etwas runterging. Dass Bukele es mit seinen Plänen ernst meinte, zeigte auch die Ankündigung, Bitcoin-Staatsanleihen emittieren zu wollen, außerdem soll das Land ins Mining mit Thermalenergie der landeseigenen Vulkane einsteigen, und Bukele will eine »Bitcoin-City« bauen. Kritische Stimmen sagen, dass es sich vor allem um geschickte PR handle. Auch der Internationale Währungsfonds war wenig begeistert und setzte El Salvadors Kreditwürdigkeit herab. Experten zufolge könnte El Salvador schon bald in einen Staatsbankrott schlittern.

Die wahren Meister der Bitcoin-Entwicklungs- und Schwellenländer sind aber nicht in Lateinamerika, sondern in Subsahara-Afrika zu finden. In Nigeria kommt beispielsweise eine für den Erfolg Bitcoins explosive Mischung zusammen. Eine sehr junge, internetaffine Bevölkerung trifft auf strenge Kapitalverkehrskontrollen und eine immer wieder taumelnde Währung. Das Resultat ist eine hohe Verbreitung von Bitcoin und Stablecoins. Letztere bilden etwa den Wert des US-Dollars nach und können entweder versendet oder auf Plattformen wie der bereits erwähnten Bitrefill gegen digitale Güter getauscht werden.

Wer Bitcoin lediglich als sinnloses Spekulationsobjekt abtut, sollte nicht vergessen, dass der oft wie eine Achterbahnfahrt anmutende Kurs im Vergleich zu rasanter Geldentwertung in Staaten mit Hyperinflation und strikten Kapitalverkehrskontrollen oft der einzige Ausweg ist, damit sich das wenige Geld, das Menschen besitzen, nicht in Luft auflöst.

Wie Silk Road bewies, ist Bitcoin dabei keineswegs anonym, sondern pseudonym. Dass alle Transaktionen bis auf alle Ewigkeit in der Bitcoin-Datenbank eingeschrieben sind, bedeutet auch, dass Finanzströme detailliert zurückverfolgt werden können – vorausgesetzt man ordnet die Transaktionen Personen zu. Behörden setzen spezielle Analysesoftware ein, die in den vergangenen Jahren immer treffsicherer wurde. Das könnte in totalitären Überwachungsstaaten zum Problem werden. Wenn Bitcoin nicht nur digitales Gold sein, sondern seinem ursprünglichen Ziel eines digitalen Bargelds gerecht werden will, muss es hier besser und vor allem einfacher bedienbar werden. Aus diesem Nachteil Bitcoins heraus entstanden sogenannte Privacy Coins, wie etwa Monero, die sich auf die Sicherung der Privatsphäre bei ihrer Nutzung spezialisiert haben. Aber auch bei Bitcoin selbst wird an entsprechenden Lösungen getüftelt, etwa durch spezielle Mixer, bei denen das Verfolgen von Transaktionen erschwert werden kann, oder auch Protokoll-Upgrades.

Bitcoin kann also trotz seiner Makel ein mächtiges Werkzeug für Menschen sein, die entweder aufgrund ihrer politischen Meinung vom Finanzsystem ausgeschlossen werden oder diesem wegen einer wertlos werdenden Landeswährung den Rücken kehren müssen. Heute stehen wir an einem Wendepunkt der Geldgeschichte. Nachdem im 20. Jahrhundert durchwegs der Staat ein Monopol auf Geld hatte, hat sich das Blatt durch das Internet gewendet. Verschlüsselung und Bitcoin sind Technologien, die mündigen Bürgern als digitale Rettungsanker dienen können.

Blick in die Kristallkugel

Digitales Gold oder noch mehr?

Ob Bitcoin je zu einem von Milliarden von Menschen genutzten Geld werden wird, muss sich noch zeigen. Eine Art digitales Gold ist Bitcoin aber schon heute. Gold ist Bitcoin mit seiner jahrtausendelangen Geschichte als Wertspeicher zwar in Sachen Vertrauen voraus. Allerdings ist Bitcoin ›härter‹, da nicht plötzlich neue Vorkommen entdeckt werden können. Bei Bitcoin ist seine Begrenztheit ein zentrales Element, eine plötzliche Änderung ist demnach ausgeschlossen. Bitcoin ist Gold auch bei Transportierbarkeit und Teilbarkeit überlegen und eignet sich (theoretisch) deshalb besser als Währung. Das Wirtschaftsmagazin *Bloomberg* hatte im Oktober 2021 diesen diplomatischen Tipp parat: »Bitcoin und Gold sind nicht polar gegenüberstehende Vermögenswerte, sondern sie können sich in einem Portfolio ergänzen. [...] Beide weisen praktisch keine Korrelation zu traditionellen Anlageklassen auf«. Doch was bedeutet es für ein Projekt, das eigentlich als digitales Peer-to-Peer-Geld gestartet ist, wenn Menschen dieses nicht ausgeben, sondern bloß horten wollen? Damit Bitcoin mehr als ›nur‹ digitales Gold sein kann, muss es noch einige Hürden nehmen.

Zwar taugt es schon heute dazu, als Zahlungsmittel eingesetzt zu werden, von einer breiten Akzeptanz ist es aber weit entfernt. Bitcoin gegen Euro oder US-Dollar zu tauschen, ist in den Augen vieler Menschen ein denkbar schlechter Deal. Aus diesem Grunde kann die Spekulation rund um Bitcoin nach wie vor als Wette verstanden werden. Im Mittelpunkt steht die Frage, ob Bitcoin ›nur‹ digitales Gold bleibt oder sich hin zu einem weltweiten, allgemein akzeptierten Geldsystem entwickeln kann. Nakamoto war sich des spekulativen Charakters von Anfang an bewusst und empfahl: »Es könnte sinnvoll sein, sich einfach ein paar zu besorgen, falls es sich durchsetzt. Wenn genug Leute das Gleiche denken, wird das zu einer sich selbst erfüllenden Prophezeiung«. An anderer Stelle versuchte sich Nakamoto an einer Definition Bitcoins, die in die Kategorie digitales Gold passt: »Bitcoins haben keine Dividende oder potentielle zukünftige Dividende, also nicht wie eine Aktie. Sie sind eher wie ein Sammlerstück oder ein Rohstoff.«

Ob Ludwig von Mises Bitcoin als Geld oder als Tauschmittel definiert hätte, ist fraglich. Er schrieb dazu jedenfalls in seinem 1912 erschienen Buch *Theorie des Geldes und der Umlaufsmittel*:

> Ein Tauschmittel, das als solches häufig verwendet wird, nennt sich Geld. Die Vorstellung von Geld ist vage, weil seine Definition um »häufig verwendet« kreist. Es gibt Grenzfälle, bei denen nicht genau gesagt werden kann, ob ein Tauschmittel häufig oder nicht häufig verwendet wird und als Geld bezeichnet werden soll.

Bitcoin ist heute (noch) einer dieser Grenzfälle. Bei aller gesunden Skepsis sollte aber bedacht werden, dass Bitcoin nach wie vor am Anfang steht. El Salvador ist da nur ein kleiner Vorgeschmack auf das, was noch kommen könnte. Ob sich das Experiment Bitcoin zu einem Vorzeigemodell oder abschreckenden Beispiel entwickelt, ist derzeit noch unklar. Die Aufbruchsstimmung ist zumindest beim Präsidenten des zentralamerikanischen Staates ungebrochen, auch wenn manche einen drohenden Staatsbankrott heraufziehen sehen.

Doch egal wohin die Reise für El Salvador geht: Durch technische Innovationen, die auf dem sich laufend weiterentwickelten Bitcoin-Protokoll aufbauen, kann Bitcoin mehr sein. Das »Lightning Network«, ein an Bitcoin angedocktes Netzwerk, erlaubt etwa blitzschnelle, kostenlose Mikrozahlungen. Viele zeigen sich aber ernüchtert davon, dass Bitcoin heute vor allem als Investment spannend ist und sehen das ursprüngliche Ziel als gescheitert. So wie in der Frühphase des Internets idealistische Anarchos das Sagen hatten, letztlich aber der monopolistische »Surveillance Capitalism« à la Facebook und Google siegte, zeichnet sich Ähnliches auch bei Bitcoin und vor allem bei anderen Kryptowährungen ab. Zugleich stellt sich die Frage, ob wir überhaupt wollen, dass Bitcoin sich als Geld und nicht als digitales Sammlerobjekt durchsetzt. Kritik ernten Bitcoin-Befürworter etwa aus der Mainstream-Ökonomie, die in einem potentiellen Sieg Bitcoins lediglich eine zum Scheitern verurteilte Rückkehr zum Goldstandard sieht. Demnach würden Politiker und Menschen, sofern ›hartes Geld‹ wie Bitcoin tatsächlich zu so etwas wie einer globalen, überall akzeptierten Währung werden würde, schnell einsehen, dass ›weiches Geld‹, dessen Menge von Zentralbanken bei Bedarf ausgeweitet werden kann, durchaus Vorteile hat.

Der Kampfschrei vieler Bitcoin-Fans, wonach US-Dollar und Euro angezählt seien, jedoch mit Bitcoin bereits ein besseres, transparentes, ›härteres‹ Geld in den Startlöchern stehe, ist also (noch) Utopie. Als jemand, der von der Notwendigkeit eines dezentralen Bezahlnetzwerkes und Wertspeichers überzeugt ist, halte ich Bitcoin als eine Art Notfallsystem für absolut nützlich. Aber auch in Ländern ohne kaputte Währungen und maroden Bankensystemen sollte ein offener, an Freiheitsrechten interessierter Staat Bitcoin tolerieren. Er muss dafür sorgen, dass Menschen auch im digitalen Zeitalter nicht auf Schritt und Tritt überwacht werden, und es auch weiterhin – so wie es bei Bargeld der Fall ist – ein Recht auf finanzielle Selbstbestimmung gibt. Bestrebungen innerhalb der EU, aufgrund fehlender Kontrolle über das Netzwerk Bitcoin komplett zu verbieten, wurden bislang abgeschmettert.

Dabei sollte bedacht werden, dass Bitcoin auch für Menschen nützlich sein kann, die in kriminelle Machenschaften verwickelt sind. Also etwa Terrorgruppierungen, religiöse Fundamentalisten, Faschisten, Menschenhändler usw. In etwa so, wie es auch bei der Nutzung von Bargeld der Fall ist.

Eine digitale Diktatur wie China hat Bitcoin bereits aus genau diesem Grund in die Illegalität verbannt. In den USA und der Europäischen Union gibt es hitzige Debatten darüber, wie pseudonyme Wallets gehandhabt werden sollen. Regulierung in diesem Bereich nimmt bereits Formen an. In einem im Juni 2022 veröffentlichten Bericht der Europäischen Zentralbank wird etwa davon ausgegangen, dass Bitcoin-Mining in Europa früher oder später gänzlich verboten werden wird. Bislang hat es ein derartiges Verbot zwar nicht in EU-Gesetzgebung geschafft, es ist aber durchaus möglich.

Um aber tatsächlich zu einer globalen (Reserve-)Währung zu werden, muss Bitcoin sich zunächst als digitales Gold etablieren. Als etwas, dem vertraut werden kann. Es muss stabil, vorhersehbar und ununterbrochen über Jahre, ja Jahrzehnte hinweg funktionieren. Jeder Herausforderer, der Bitcoin in dieser Rolle ablösen möchte, müsste eine ähnliche Entstehungsgeschichte und langfristig bewiesene Resilienz aufweisen. Das macht es für andere Kryptowährungen schwierig, mit dem organisch gewachsenen Bitcoin zu konkurrieren, das ohne eine zentrale Führungsinstanz auskommt.

Der Internationale Währungsfonds und die EZB haben bereits Bedenken geäußert, dass nichtstaatliches Geld zusehends in Konkurrenz mit staatlichen Fiatwährungen treten könnte. Aber wollen wir als Gesellschaft apolitisches Geld überhaupt? Hayeks libertäre Vision eines entstaatlichten Geldes ist vor allem für Linke ein Albtraum. Ein »Techno-Feudalismus«, der bei einer Weltwährung Bitcoin das viktorianische England wieder aufleben lassen würde. Wir hätten es laut düsterer Prognosen dann mit einer neuen Feudalgesellschaft zu tun, bei der Bitcoins Early Adopter den Ton angeben.

Der Aufstieg Bitcoins hat schließlich Zentralbanken weltweit auf den Plan gerufen, ihr Geld an das Internetzeitalter anzupassen. Anders als bei Bitcoin handelt es sich hier aber um keine dezentrale Graswurzelbewegung, sondern um das genaue Gegenteil: eine Weiterentwicklung von Geld, das bei genauerem Hinsehen für die Bevölkerung voraussichtlich eher Nach- als Vorteile bringen wird.

CBDCS: Panoptikum oder Mittel zur Inklusion?

In den frühen 1990ern wurde das junge World Wide Web zu einem egalitären Ort grenzenloser Chancen verklärt. Doch dieser Traum zerplatzte in den kommenden Jahrzehnten wie eine Seifenblase. Vielmehr führten die Möglichkeiten, die das

Internet Unternehmen bot, zu einer noch stärkeren Machtkonzentration. VISA und Mastercard beherrschen in einem Duopol Onlinezahlungen per Kreditkarte, Finanzdienstleister wie PayPal oder auch die Kryptobörse Coinbase wurden zu extrem mächtigen und finanzstarken Akteuren. Ein Phänomen, das auch in China zu beobachten war, wo die zwei Unternehmen Ant Group und Tencent zu Digitalgiganten inklusive den eigenen Bezahlnetzwerken Alipay und WeChat Pay wurden. Zumindest bis der chinesische Einparteienstaat eingriff und dem staatlichen Kontrollverlust mit dem digitalen Yuan, einer digitalen Zentralbankwährung oder kurz CBDC (Central Bank Digital Currency) Einhalt gebot. Eine Lösung, mit der auch außerhalb Chinas geliebäugelt wird.

Mitte 2022 arbeiteten einer Studie zufolge 80 Prozent der weltweiten Zentralbanken an ähnlichen Projekten. Laut dem indisch-amerikanischen Ökonom Eswar S. Prasad ist eine CBDC im Grunde eine Fiatwährung, die von einer Zentralbank in digitaler Form als Ergänzung oder anstelle einer physischen Währung ausgegeben wird. Die Europäische Zentralbank (EZB) und das Federal Reserve Board (FED) prüfen aktuell, ob und wie sie ihre eigenen Varianten von CBDCs einführen sollten. Andere, allen voran China, sind schon einige Schritte weiter. Die Ängste der Cypherpunks werden dort Realität: Jene Menschen, die nicht nach den Regeln des Regimes spielen, werden oft anstatt mit Haftstrafen mit gezielter sozialer Exklusion bestraft, etwa indem öffentliche Verkehrsmittel nicht mehr verwendet werden dürfen. Der Journalist und China-Experte Kai Strittmatter beschreibt die Ausformungen dieser digitalen Diktatur als einen Mix aus den albtraumhaften Zukunftsvisionen aus George Orwells *1984* und Aldous Huxleys *Schöne neue Welt*. Im Zentrum des allgegenwärtigen chinesischen Überwachungsstaates steht das Social-Credit-System, welches seit 2020 einsatzfähig ist. Es wurde entwickelt, um jeden Schritt, jede Interaktion und jede Transaktion der chinesischen Bevölkerung aufzuzeichnen und auszuwerten. Statt Big Brother heißt das Zauberwort Big Data, auf Basis dessen das Einhalten oder Brechen der vom Einparteiensystem festgelegten Regeln und Normen in Echtzeit belohnt oder bestraft werden kann.

In demokratischen Staaten ist Schweden mit seinem e-krona-Projekt am weitesten fortgeschritten. So wie Bargeld wird dieses digitale Geld direkt von der Zentralbank ausgegeben – Banken oder Fintechs als Mittler werden theoretisch obsolet. Die Motivation hinter dem schwedischen Modell ist durchaus einleuchtend: Erstens soll eine Machtkonzentration in den Händen weniger privater Banken und Fintech-Unternehmen verhindert werden und zweitens will man finanzielle Inklusion fördern, indem jedem Menschen ein Konto direkt bei der Zentralbank zur Verfügung gestellt wird. Die Europäische Zentralbank ist hingegen unentschlossen. Ein wesentlicher Unterschied zum bereits jetzt weitgehend digitalen Euro besteht darin, dass ein CBDC-Euro programmierbar sein würde. Die meisten Euros existieren in Form digitaler Datenbankeinträge, allerdings sind diese Datenbankeinträge ›dumm‹, ein CBDC-Euro wäre hingegen deutlich schlauer.

Dieses intelligente Geld könnte der Geldwäsche ein Ende setzen, da es rückverfolgbar und identifizierbar wäre. Das würde auch bedeuten, dass Strafverfolgungsbehörden theoretisch Geld abschalten könnten, das Drogenhändlern und Terroristen oder aber auch politisch unliebsamen Aktivisten zugeordnet werden kann. CBDCs bieten also vor allem Vorteile für Regierungen und Behörden. CBDCs ermöglichen eine Echtzeit-Überwachung des gesamten Finanzsystems – und auch eine vermeintlich treffsichere Justierung. Sie ermöglichen theoretisch die automatische Zuführung (Stimuluszahlungen, Helikoptergeld) oder das Abziehen (Negativzinsen, Ablaufdatum) von Geld auf den direkt bei Zentralbanken verwahrten Konten. In größerem Maßstab ließen sich geldpolitische Änderungen somit mühelos umsetzen und durchsetzen. Agustín Carstens, General Manager der Bank für Internationalen Zahlungsausgleich (BIZ) in Basel und somit oberster Zentralbanker sagte im Oktober 2020 im Zuge einer Videokonferenz des Internationalen Währungsfonds zur vermeintlichen Notwendigkeit von CBDCs:

> Wir wissen nicht, wer heute einen 100-Dollar-Schein benutzt und wir wissen nicht, wer heute einen 1000-Peso-Schein benutzt. Der Hauptunterschied zum CBDC besteht darin, dass die Zentralbank die absolute Kontrolle über die Regeln und Vorschriften hat, die die Verwendung dieses Ausdrucks der Zentralbankhaftung bestimmen, und wir werden auch die Technologie haben, um dies durchzusetzen.

CBDCs sind somit in jederlei Hinsicht das genaue Gegenteil von Bitcoin. Bitcoin und CBDCs ermöglichen beide digitale Zahlungen. Aber da enden die Gemeinsamkeiten auch schon. CBDCs ermöglichen totale Zentralisierung, leicht umzusetzende geldpolitische Änderungen, vollständige Kontrolle der Bevölkerung, indem etwa Geld mit einem Verfallsdatum versehen werden kann, um den Konsum anzukurbeln (die EZB spricht in ihrem Papier offen darüber) und die Möglichkeit, den Menschen nicht nur den Zugang zu Bankkonten zu verbieten, sondern das Geld auf Knopfdruck abzuschalten. Bitcoin-Befürworter sehen CBDCs aber nicht als Bedrohung für Bitcoin. CBDCs werden eher als Fiatwährungen auf Steroiden wahrgenommen. Mit ihnen am Horizont wird der zentrale Aspekt Bitcoins noch deutlicher: Ein digitales Tauschobjekt, das im Netzwerk selbst von keiner Regierung kontrolliert, zensiert, beschlagnahmt oder gestoppt werden kann. Das ist ein radikaler Gegenentwurf zu einer zunehmenden Politisierung von Zentralbanken und deren eigentlich als unabhängig gedachter Rolle als Währungshüter. Sanktionen gegen Staaten sind zur wichtigsten Soft Power der USA und der Europäischen Union geworden. Vor allem das Abschneiden vom Zugang zum US-Dollar, der weltweiten Reservewährung, wird im Kampf gegen unliebsame Autokratien von Iran bis Russland als Waffe der Wahl verwendet. Aber auch lästige NGOs wie WikiLeaks werden sowohl im Westen als auch in autokratischen Staaten damit bekämpft, dass ihnen der Zugang zu Bankkonten und somit zum Finanzsystem entzogen wird. Im Zuge des russischen Überfalls auf die Ukraine zeigte sich die Ambivalenz von Kryptowährungen: Während u. a. russische Oligarchen mutmaßlich Bitcoin und Co. nutzten, um Sanktionen zu umgehen, sammelte der ukrainische Staat über 120 Millionen Euro an Spenden aus der ganzen Welt über Kryptowährungen ein.

Der Whistleblower Edward Snowden ist erklärter Bitcoin-Fan und nannte CBDCs auf seinem privaten Blog wenig schmeichelhaft eine »Perversion von Kryptowährung«. Einen »kryptofaschistischen bösen Zwilling« von Bitcoin, der den Staat in den Mittelpunkt jeder Transaktion stelle. Doch nicht alle sehen CBDCs kritisch. Für Yanis Varoufakis, den ehemaligen griechischen Finanzminister und selbsterklärten libertären Marxisten, sind CBDCs ein Instrument, um Geld zu »demokratisieren«. Nur so könne die Macht von Banken gebrochen werden, die Geld aus dem Nichts erschaffen und so von einer Finanzkrise in die nächste stolpern würden:

> Die Abhängigkeit der Gesellschaft von Banken für ihr Zahlungsverkehrssystem hat dazu geführt, dass seit 2008 – und noch mehr während der Pandemie – das Zentralbankgeld über private Banker an Superreiche fließt, während alle anderen unter Stagnation und Sparmaßnahmen leiden.

In nichtstaatlichen Kryptowährungen wie Bitcoin sieht Varoufakis allerdings nicht die Lösung für ein faireres Finanzsystem, sondern eine Verschlimmerung:

> Bitcoin-ähnliche, nichtstaatliche Kryptowährungen bedrohen zwar das Monopol der Banken über das Zahlungssystem. Aber in jeder anderen Hinsicht sind sie eine schreckliche Alternative. Von ihren vielen Mängeln sticht primär der hervor, dass die Kryptogeldmenge nicht an die wirtschaftliche Aktivität angepasst werden kann.

Den chinesischen Zugang sieht er als erstrebenswert an:

> Wenn es voll funktionsfähig ist, wird es allen Einwohnern Chinas, aber auch allen auf der ganzen Welt, die mit China Handel treiben möchten, mit einem digitalen Wallet ausstatten – einem einfachen digitalen Bankkonto. Damit werden Geschäftsbanken mit einem Schlag entmachtet, sie verlieren also ihr Monopol über das Zahlungssystem.

Dies sei laut Varoufakis ein radikaler und dringend nötiger Bruch mit dem Finanzwesen, wie wir es bisher kannten. Er ist der Ansicht, dass Europa und die USA dem chinesischen Beispiel folgen sollten. Das würde der Wall Street und dem Rest der westlichen Finanzwelt aber nicht gefallen, die »ihr Bestes tun werden, um dies zu verhindern, da sie lieber die Welt in die Luft jagen, als zuzulassen, dass sie obsolet gemacht werden«.

Und tatsächlich: Paradoxerweise sehen Banken und die Wall Street in CBDCs eine größere Bedrohung für ihr Geschäftsmodell als in Bitcoin. Wenig verwunderlich, dass viele davon eigene Teams aufbauen, um mit dem Verkauf und Kauf von Kryptowährungen eine zusätzliche Einnahmequelle zu generieren. Letztlich werden sich CBDCs wohl weder zum dystopischen Kontrollinstrument à la Snowden entwickeln noch zu einem Werkzeug zur Entmachtung der Finanzindustrie wie es sich Varoufakis wünscht. In der HBO-Comedy-Serie *Silicon Valley* prahlt der Milliardär Russ Hanneman mit »I put radio on the internet!«, und so in etwa stellen sich das wohl auch Zentralbanken und die Politik rund um den Globus vor.

In den USA regt sich zudem bereits politischer Widerstand gegen eine CBDC nach dem chinesischen Modell, wo der Sinn vor allem darin besteht, die Macht einer digitalen Diktatur auszuweiten. In Demokratien wie den USA ist es wahrscheinlicher, dass der US-Dollar über private und regulierte Stablecoins, also Kryptowährungen, die den Kurs des US-Dollars nachbilden, in Konkurrenz mit CBDCs treten wird. Im Euroraum ist der Kursentscheid noch nicht gefallen. Die Europäische Zentralbank veröffentlicht zwar regelmäßig Arbeitspapiere, in denen über Vor- und Nachteile eines digitalen Euros laut nachgedacht wird, allerdings bewegt sich dies in einer frühen Konzeptionsphase. Die Zukunft von CBDCs ist zumindest in den USA und der EU also genauso ungewiss wie jene von Bitcoin.

Für die einen ist Bitcoin ein in Code gegossenes Plädoyer für Individualismus, Eigentumsrechte und Freiheit. Für die anderen ist es ein Symbol der Gier, des zügellosen Kapitalismus, der sinnlosen Energieverschwendung. Die Innovationskraft Bitcoins – im Kern ein unaufhaltbares, nicht zentral steuerbares, organisch gewachsenes Protokoll zum Wertaustausch –, lässt sich jedenfalls ungeachtet des eigenen Standpunktes nicht mehr wegdiskutieren. Wie bereits im Zusammenhang mit dem Energiehunger Bitcoins erwähnt, ist es letztlich eine ideologische Frage, ob apolitisches, unaufhaltbares digitales Geld etwas Gutes oder Schlechtes ist. Wer einen bedrohlichen Kontrollverlust für Zentralbanken und letztlich auch für Staaten heraufziehen sieht, wird wenig Gefallen an den anarchokapitalistischen Träumen der Bitcoin-Community finden. Neuere linke Strömungen wie die *Modern Monetary Theory* wollen nicht weniger, sondern mehr Kontrolle über unser Geld, weshalb Bitcoin wenig überraschend als gefährliches Projekt gebrandmarkt wird. China hat Bitcoin jedenfalls offiziell verboten. Wobei, so einfach ist das mit den staatlichen Verboten natürlich nicht. Auch die nigerianische Regierung hat sich an einem Verbot versucht, ruderte aber bald wieder zurück, weil die junge Bevölkerung gerade dadurch das Internetgeld für sich entdeckte. Besitz und Handel lassen sich per Gesetz verbieten, dies zu überprüfen ist aber schwierig. Komplette Verbote von Bitcoin sind daher eher unwahrscheinlich. Was sehr wohl vor der Tür steht und bereits beschlossene Sache ist, ist stärkere Regulierung dort, wo es geht: Bei Kryptobörsen, die letztlich zu seriösen Finanzdienstleistern werden müssen. Beim Bitcoin-Mining, das sich auf Nachhaltigkeit polen muss.

Prognosen, wohin Bitcoins Reise letztlich führt, klaffen von einem Extrem zum anderen auseinander. Bitcoins Kritiker setzen sich nach wie vor ebenso polemisch und undifferenziert mit dem Thema auseinander, wie jene, die darin ein alle Probleme der Welt lösendes Wundermittel sehen. Beides ist wohl zu simpel gedacht. Ja, es gibt viel zu kritisieren an Bitcoin und allem, was in seinem Windschatten entstanden ist. Aber: Finanzbetrug, Geldwäsche und Drogenhandel haben schon vor Bitcoin existiert. Und sie werden auch dann existieren, wenn Bitcoin morgen verschwinden würde. Nassim Nicholas Taleb schrieb im Vorwort zu *The Bitcoin Standard* des Autors Saifedean Ammous (2018):

> Seine bloße Existenz ist eine Versicherung, die Regierungen daran erinnert, dass das letzte Objekt, das das Establishment noch kontrollieren kann, nämlich die Währung, nicht länger ihr Monopol ist. Das gibt uns, der Masse, eine Versicherungspolice gegen eine orwellsche Zukunft.

Dass Taleb mittlerweile alle, die sich ernsthaft mit Bitcoin beschäftigen, als Idioten bezeichnet, steht sinnbildlich für die Extreme, zwischen denen sich die Debatte rund um Satoshi Nakamotos Erfindung bewegt.

Von den anarchistischen Wurzeln ist bei Bitcoin heute nicht mehr viel übrig. Wie auch beim Internet selbst wurde vager Utopismus im Sinne von »Power to the People« von knallhartem und oft zwielichtigem Business abgelöst. Skeptiker sehen den Markt als nach wie vor stark manipuliert an, der stärker reguliert werden muss, um es Krypto-Unternehmen schwerer zu machen, leichtgläubige Investoren in regelmäßig wiederkehrenden Spekulationsblasen sich die Finger verbrennen zu lassen. Über 13 Jahre nach seinem Start verhält sich Bitcoin wie Schrödingers Katze: Es ist gleichzeitig lebendig und tot. Für die einen entwickelt sich ein noch nie dagewesener, digitaler Organismus, der nichts Geringeres als die Trennung von Staat und Geld eingeläutet hat, genauso wie es die Druckerpresse mit Staat und Kirche tat. Eine Innovation, die es Menschen ermöglicht, aus kaputten Fiatwährungen in einen desinflationären Wertspeicher ohne Mittelsperson zu flüchten. Für die anderen ist Bitcoin ein an Sinnlosigkeit kaum zu überbietendes Symptom einer von Gewinnmaximierung und Individualismus zersetzten Welt.

Bitcoins Rezeption wird sich weiterhin vorwiegend auf diesen emotional aufgeladenen, ideologischen Bruchlinien bewegen. Ob es über seine Rolle als neues, spannendes Spekulationsobjekt hinauswachsen kann, muss sich zeigen. Betrachtet man die Geschichte des Internets, werden Parallelen sichtbar: Auch hier wurde in den Anfangstagen weniger substantielle Kritik geübt, sondern ein Kontaktschuld-Argument vorgeschoben. Demnach habe man als Nutzer einer neuen Technologie eine ideologische Nähe zu anderen, die diese an sich neutrale Technologie verwenden.

Die größte Gefahr für Bitcoin geht wohl nach wie vor nicht von Externalitäten wie staatlicher Regulierung oder Konkurrenten aus, sondern von sich selbst. Denn es gibt nach wie vor offene Fragen zu Privatsphäre und Skalierung, die das Open-Source-Projekt lösen muss, um weiterzuwachsen.

Doch nicht nur Bitcoin steht am Scheideweg, das ganze globale Geld- und Finanzsystem tut es. Ein neuer Kalter Krieg mit Russland, zunehmende Spannungen mit China und ein sich abzeichnender, genereller Vertrauensverlust in inflationäres Geld wirken hier als Katalysator. Die Zukunft könnte eine Ära des Währungswettbewerbs sein: zwischen staatlichen Währungen, supranationalen Währungen, privaten Währungen und öffentlichen Währungen wie Bitcoin. Und selbst wenn Bitcoin aus irgendeinem Grund scheitern sollte: Die Katze ist sprichwörtlich aus dem Sack. Politik und Zentralbanken träumen von Projekten wie dem digitalen Euro. Sie vergessen dabei aber, dass diese die zunehmende Skepsis gegenüber dem Staat und seinen Institutionen nicht rückgängig machen können. Im Gegenteil: Wer sich vom totalitären China inspirieren lässt, ist falsch abgebogen. Das Geldmonopol von Regierungen wird im 21. Jahrhundert um einiges schwieriger aufrechtzuerhalten sein, als es in den vergangenen Jahrzehnten der Fall war. In Ländern wie Venezuela, Ukraine oder Nigeria beweist Bitcoin schon heute, dass es als Notfallwährung hilfreich sein kann. Und – so realistisch muss man sein – vielleicht wird Bitcoin das auch bleiben: eine etwas unkomfortable Schwimmweste, auf die man bei rauer See zurückgreifen kann.

Lektüretipps

Ammous, Saifedean: Der Bitcoin-Standard. Die dezentrale Alternative zum Zentralbankensystem. Rheinfelden 2019.

Antonopoulos, Andreas: Das Internet des Geldes. London 2019.

Bathia, Nik: Layered Money. Von Gold und US-Dollar zu Bitcoin und digitalen Zentralbankwährungen. Rheinfelden 2022.

Bier, Jonathan: The Blocksize War: The Battle Over Who Controls Bitcoin's Protocol Rules. Las Vegas 2021.

Brunton, Finn: Digital Cash. The Unknown History of the Anarchists, Utopians, and Technologists Who Created Cryptocurrency. Princeton 2019.

Gerard, David: Attack of the 50 Foot Blockchain: Bitcoin, Blockchain, Ethereum & Smart Contracts. London 2017.

Goldstein, Jacob: Money. From Bronze to Bitcoin, the True Story of a Made-up Thing. London 2021.

Popper, Nathaniel: Digital Gold. Bitcoin and the Inside Story of the Misfits and Millionaires Trying to Reinvent Money. New York 2015.

Pritzker, Yan: Bitcoin entdecken. Wie die Technologie hinter dem ersten knappen und dezentralisierten Geld funktioniert. Rheinfelden 2020.

Nakamoto, Satoshi: Bitcoin: A Peer-to-Peer Electronic Cash System. https://bitcoin.org/de/bitcoin-paper. (Dt.: Ein elektronisches Peer-to-Peer-Cash-System. Übers. von 99Bitcoins. https://bitcoin.org/files/bitcoin-paper/bitcoin_de.pdf.)

Strittmatter, Kai: Die Neuerfindung der Diktatur: Wie China den digitalen Überwachungsstaat aufbaut und uns damit herausfordert. München 2018.